正倉院

韩昇 著

生活·讀書·新知 三联书店

目录

CONTENTS

新版前言	001
前　言	004
第一章　踏访东方古文明的宝库	001
第二章　佛法东流	023
第三章　撩开宫廷华贵生活的轻纱	055
第四章　盛大的乐舞	095
第五章　五彩缤纷的世界	119
第六章　金精石英的艺术瑰宝	145
第七章　丰富多彩的节日	161
第八章　龙飞凤舞的历史画卷	175
结　语　一船明月一帆风	193
参考文献	199
本书所用图片目录	200

NEW PREFACE

新版前言

旧著《正仓院》2007年在上海人民出版社出版,至今已经十几年过去了。国内对于正仓院以及海外珍藏的古代文物的关心越来越强,不仅学者,社会上众多艺术与文史的爱好者,也经常谈论这个话题,在各种媒体上发表文章图片,有些人远赴海外,到世界各大博物馆参观,参加各种展出活动,希望能够仔细观看,这是一个非常令人振奋的现象。当年我呼吁大家都来关注日本正仓院收藏的中国珍贵文物,现在它已经成为大众关心的热点之一,每年日本举办的正仓院文物展上,可以见到越来越多中国参观者的身影。不少人给我写信,发电子邮件,催促《正仓院》再版,让我很受鼓舞。

正仓院是海外收藏唐代文物最著名的机构,原是日本于8世纪中叶在奈良建造的东大寺附属仓库。东大寺是日本建造的全国佛教总寺院,规模宏大,其仓库用于收藏寺院珍宝器物。后来,笃信佛教的圣武天皇去世,光明皇后将其生前珍爱的器物用具捐给正仓院收藏,里面包含不少来自中国唐朝各地的精妙绝伦的物品,备受瞩目,以至于后来人们每当提及正仓院,讨论的几乎都是它们。这些文物基本完好保存至今，正仓院也于1998年被联合国教科文组织评定为世界文化遗产。1946年以来，每年秋天日本奈良国立博物馆均举办"正仓院展"，公开展出部分正仓院藏品，吸引世界各国观众前往参观，他们都对这些藏品赞叹不已。

2006年，我和电视台摄影组计划拍摄正仓院纪录片，向中国观众介绍。为此我多次探访正仓院，实地考察，同时撰写介绍文稿。后来，拍摄计划有变，我便在电视讲解文稿的基础上进行修订，先行出版本书。

本书出版以来，获得众多读者的关注，给予我很多鼓励。鉴于此书在市面脱销已久，二手书肆高价沽售，而关心正仓院的读者越来越多，所以，三联书店、中读APP同我商量重版此书，满足读者的需求。我则准备待手边工作稍缓之日，从历史和文物研究的角度进行学术探讨和修订。广大读者对于海外收藏的中国古代文物的关心，反映出国内研究热情的高涨，这也激励我努力做点铺垫工作。

2019年6月2日

前言

PREFACE

唐朝,那是一个东方盛世。

盛世并不简单地意味着经济富裕和军力强大。如果庸俗地用这两条作为界定盛世的标准,那么,唐朝以后的统一王朝的经济规模几乎都超过了唐朝,军队的规模也大于唐朝,然而,人们却很难认定后面的王朝比唐朝更辉煌。

那么,什么才是真正的盛世呢?

它一定是一个政治清明、制度优越、法律健全的时代;一定是一个民族融合、文化多元的社会,人们的个性可以得到自由发挥,从而激发出巨大的创造热情,充满朝气,蓬勃向上,人们活得充实,活得舒心。所以,坚实的物质条件必定要能提升到文化的层面,艺术地享受生活。唐朝的繁荣,可以归结为唐朝人能自豪地向世界宣布"我是唐朝人",而外国人则希望成为唐朝人。

这就需要有宽广的胸怀兼收并蓄，积极主动地同世界进行全面的交流。有人说乱世出文学，其实这只是一种片面的说法。应该说交流出文化，不同思想的碰撞，打开了心灵的门扉，使创造的灵感喷薄而出，是来自五湖四海的人们共同创造了那片繁花似锦的文化佳园。

唐朝的辉煌距离今天已经一千多年了，令人憧憬的那个年代并没有留下太多的遗迹，太多的文明被岁月无情地湮没。我们苦苦地追寻，足迹踏遍神州大地，希望再睹往日文明的风采，却留下许多惆怅。

其实，在唐朝的带动下，我们的东邻日本也曾敞开胸怀，积极吸纳来自大陆的文明。日本是个岛国，往东走就是茫茫无际的太平洋。在古代的航海条件下，东向没有出路。也就是说，日本几乎就位于世界的边缘。这当然会造成岛国的封闭性，然而，从另一个角度来看，它也成为文化东输列车的终点，来自中国乃至中亚的文化在这里积淀了下来。

正仓院

日本人处事认真，细心而节俭，自古养成了爱护物品、喜欢收藏的习惯。在唐代，日本曾经派遣了数以千计的遣唐使、留学生和留学僧赴中国学习，然而，由于造船和航海技术落后，他们经常遭遇海难，牺牲惨重。所以，日本人就更加珍惜那些他们付出巨大生命代价、从发达地区获取的器物。在奈良和京都，有那么多中国唐代风格的古建筑完好地保存着，实在让人流连忘返，依依不舍。所以，我每到日本，只要有可能就会到奈良和京都，实地考察唐式古建筑，踏寻文物。特别是那座世界上仅有的古代木构建筑博物馆——正仓院，里面珍藏着日本圣武天皇生前最喜爱的全套生活用品。圣武天皇和光明皇后是一对恩爱夫妻，有着共同的文化喜好。圣武天皇去世后，光明皇后不忍再睹其遗物，所以将它们全部交给东大寺保管，收藏于正仓院。要知道，在今日，古代文物主要依靠考古获得，而考古能发掘出什么东西是人们无法决定的，因此，考古发掘的文物只能反映古代社会的一些片段，尤其无法复原高踞社会顶端的皇室的生活场面，而正仓院恰恰可以弥补前者的不足，因而无比珍贵。

每年到了柿子鲜红、秋高气爽的季节，宫内厅就会从珍藏古代皇室用品的正仓院取出一二百件各类文物,举办"正仓院展"。短短的二十来天间,来自日本各地,乃至世界各国的人们蜂拥而至,争相观摩难得一见的国宝。每次参观,我都难以抑制如潮心绪,多么希望能把这些珍宝,连同奈良、京都的古建筑,以及日本各地珍藏的汉文古籍,还有其他的一切一切都介绍回中国,让众多的同胞能感受到盛唐文明的风采,领略那个时代的宏大气派,理解文化交流所缔造出的东亚文化圈的真谛。

其实,我也难掩心中阵阵痛楚。如此重要的正仓院,在国内知者不多。20世纪以来,中国学者专门介绍正仓院的著作只有傅芸子先生的《正仓院考古记》那薄薄一册,而且是在日本出版,后来才在国内翻印,且无图片。我真想大声疾呼,吁请国内学术界以及更多的人来关注正仓院,我愿意为此铺路。

这些年,我经常到日本做研究,有机会收集正仓院的资料。而且,通过和日本学界的交流,我想介绍古代中日文化交流史的心愿获得了支持和帮助。正仓院事务所和奈良博物馆热情地接待了我,破例允许我踏入正仓院近距离参观,还让我在"正仓院展"展览现场进行拍摄。正仓院事务所原所长米田雄介教授赠送其著作,提供正仓院文物的照片,还细致介绍这些文物。长期支持我从事学术研究的近藤龙辅博士屡次为我安排起居,购买书籍资料。关西大学东西学术研究所原所长藤善真澄教授亲自陪我走访一些研究机构,还赠送了大批研究文献……通过研究正仓院,我同日本、韩国及国内研究者建立、开展了广泛的联系与学术交流,切磋学问,颇有收获。

2005年,复旦大学迎来了百年华诞,复旦大学历史学系向日本国际交流基金会申请在复旦大学举办国内首次"正仓院与中日文化交流"国际学术研讨会,获得了资助。研讨会顺利召开了,来自日本、韩国和国内学术机构的专家学者聚集一堂,以此次研讨会为起点,启动了国内对正仓院的合作研究。这次研讨会还得到法门寺博物馆的协助。法门寺地宫的发现,是20世纪80年代国内考古学界的重大成就,它所秘藏的皇室祭祀器物,有许多可以同正仓院文物相比较,追溯源流。所以,参加会议的全体学者同赴法门寺,在韩金科馆长的安排下,参访法门寺博物馆,并与法门寺博物馆联合在西安举行专场研讨,以取得新的成果。

从目前国内的现状来看，系统介绍正仓院文物属当务之急。为此，我特地编撰此书，精选正仓院文物照片约150幅，结合日本古代历史，试作介绍。正仓院文物美不胜收，且多达数千件，实在难以用一本小书囊括其精华，所以还有很多重要文物无法介绍。所幸这次"正仓院与中日文化交流"国际学术研讨会让我更多地了解到国内中日文物比较研究的现状，特别是有缘认识了一批学友和青年才俊，我们计划以专题的形式，分册出版研究性专著，进一步介绍正仓院文物。这项工作将是长期而艰巨的，但十分重要，衷心希望更多有志于此的研究者、爱好者加入我们的队伍。

本书的选编得到国内外许多机构和朋友的帮助，上海博物馆陈克伦副馆长给予大力支持；馆员王樾承担了大量的图片收集处理工作。日本国际交流基金会和奈良博物馆都给予热情帮助，特别是正仓院事务所慨然允许本书使用正仓院文物照片，谨此表示衷心感谢。他们的无私奉献，帮助我们渐渐地推开正仓院的门扉。让我们一道登堂入室，尽情地畅游其间吧。

2006年5月5日

第一章

踏访东方古文明的宝库

大唐盛世是中国最辉煌的时代，也给东亚世界带来繁花似锦。历史从这里走过，在人们不经意的地方稍事停留，引来后人无限的感慨和追忆。

我们一直在找寻东方文明繁荣岁月的印记，从黄土吹沙的中亚，伴着串串驼铃，向东方长途跋涉，感叹沧海桑田深埋了往日的繁荣，却在意想不到的地方，打开了一座令世界震惊的宝库，数千件价值连城的古代宝物展现在世人面前。从惊愕中回过神来，我们不禁为之欢呼跳跃。古代东方文明的巨幅画卷，就这样款款展开，再现了一千多年前的辉煌。

这是坐落在日本奈良若草山下的寺院仓库——正仓院。

745年，正值大唐盛世，日本圣武天皇决定建立规模宏大的东大寺，铸造日本最大的室内铜佛。在东大寺西北约300米处，用上等木料建筑了一座专门收藏珍贵物品的仓库，也就是今日展现在世人眼前的这座正仓院。当时，日本官府和各大寺院都建造有许多仓库，东大寺的正仓也有十多座，但是，随着岁月流逝，这些正仓先后毁坏消失了，只剩下眼前这座，正仓院变成了它的专称。在世界建筑史上，年代如此久远的木构建筑也是绝无仅有的，堪称奇迹，它本身就是瑰宝，更不用说仓库里还保存了数以千计的古代文物，吸引了全世界的目光，1998年，它被认定为世界文化遗产。

为什么众多的古代仓库，唯有正仓院能够完好保存至今呢？带着这个疑问，我多次飞赴日本进行实地调查。

图1 · 正仓院正面

图1

正仓院的千余年历史，都在森严的戒备中度过，没有外人能够闯入，更不用说外国人了。十分幸运的是，这次我获准进入正仓院，围绕着它一圈又一圈地上下打量，甚至钻进正仓院下部的础柱间，借着清晨斜照进来的第一缕金光，仔细观察，亲手抚摸沧桑的历史。正仓院珍藏的物品大量来自中国唐朝，一衣带水的历史情谊，给了我如此厚报，令我心潮澎湃，难以自抑要把这座千年的宝藏向国人细述。

正仓院的东面，是古木环抱的池塘，踩着一地朝阳铺洒的小路，正仓院静静地耸立在细白沙石地上，相隔数十米远，四周树木青翠，日夜相守，静寂中透露出庄重和神秘。自然和谐的美景，却是无微不至的呵护。寺塔倒影的池塘，防备着万一的火灾；细沙地虽说是日本庭院的特色，却也是为了隔断火势蔓延；树木种植于安全距离外，同样为了做到万无一失。日本人的细腻是举世闻名的，一草一木，处处用心，却仿佛是自然天成。

当太阳慢慢落下，奈良公园的游人渐渐离去，若草山麓放养的梅花鹿会来到池塘边饮水吃草，那么悠然自得，万籁俱寂，只有正仓院和它们相依相傍，守望青山绿水枯荣变幻。我蹑足轻行，悄然潜入这梦幻般的世界，想拉回远逝的岁月，了解一千多年前这里发生的故事。

正仓院是典型的干栏式建筑，40根直径60厘米的柱子，高高托起这座宝库，离开多雨潮湿的地面；柔软的结构，抵抗住千余年的地动山摇。这种建筑样式，在中国南方颇为多见，日本纬度虽高，却是温润潮湿的岛国，正适宜采用中国南方的干栏式建筑。在干栏式建筑中，

图2·从正仓院池塘眺望东大寺　　图3·黄昏中的正仓院池塘

图2

图3

正仓院 · 第一章 踏访东方古文明的宝库

图4
图5
图6

正仓院的规模堪称宏伟，它正面宽33米，高14米，深9.4米，分为北、中、南三个仓库。

北仓和南仓都用12米长、30厘米宽的木料纵横交错搭建而成。这是唐朝的建筑方式，唐代著名高僧鉴真东渡日本，他建造的唐招提寺，就留下两座这种样式的仓库——宝藏和经藏。

然而，正仓院的中仓却用木板建成，显得简易而醒目，引来众多猜测。很可能设计者当初构想的是两座仓库，中间透空连接，以增强其抗震性。十分幸运的是，我们在日本另一处世界文化遗产——千年古寺法隆寺的纲封藏找到了这种建筑的踪影，而且，在珍贵的古代画卷《信贵山远期绘卷》里，也看到了这种正仓建筑的样式。

由此推测，中仓很可能是后来用木板将连接南、北二仓的中间部分封闭改造而成。

仓库内部分为上下两层，没有窗户，可以防止盗贼侵入。而且，遮断光线，也有助于艺术品的保存，特别是那些色彩鲜艳的物品，使我们能够重睹栩栩如生、绚丽多彩的古代文明。

根据日本史籍记载，正仓院建于公元750年，正值唐朝盛世。历经千年风吹雨打，正仓院完整地保存下来。古代的宝物就存放在其中一个个古木柜子里，这些选料精良、做工精细的柜子，密封性很好，而且吸潮防虫，使得古代珍宝完好地保存下来。

图4·正仓院础柱　　图5·正仓院木构建筑　　图6·法隆寺纲封藏

第一章 踏访东方古文明的宝库

正仓院

图7

图7·赤漆文榉木橱子

这个橱子登录在正仓院藏品目录的《国家珍宝帐》上，是日本天武、持统、文武、圣武四代天皇代代相传的珍品，曾经收藏数十件宝物，如王羲之书法二十卷，以及念珠七串等，这些物品因为外借而失传。但是，保存至今的藏品也不在少数，例如雕刻的尺八、斑犀鼹鼠皮御带、斑贝鞊鞨膜御带、三合鞘御刀子、斑犀把白牙鞘御刀子、绿牙拨镂把鞘刀子、红牙拨镂尺、绿牙拨镂尺、百索缕轴、杂玉双六及双六头等物品，还收藏有《杂集》《杜家立成》和《乐毅论》等卷子。

橱子上的红漆不是后来常用的朱砂，而是先用苏芳染成红色，再上清漆，好让榉木的细密纹理显现出来，但橱子内里不上漆。橱子包边，用银头铁钉钉牢。锁扣和蝴蝶合页都是鎏金铜件，内有两层隔板，橱有六足，雕成平台落地，与橱子浑然一体。

橱子总高度100厘米，橱身高87厘米，宽45厘米。

图8-1·密陀彩绘忍冬凤纹小柜

柜子长方形，上翻盖，台式六足柜脚，外表黑漆描画，用红白颜料调色，莲花与忍冬纹相配，柜顶中部绘两只凤凰和两只吉祥鸟，展翅飞翔。柜子四面绘忍冬花草和彩云朵朵，与兽首相间。白色图案因为涂上油漆而呈现黄色。柜子总高度21.3厘米，长45厘米，宽30厘米。

图8-2·密陀彩绘忍冬凤纹小柜（顶部）

图8-1

图8-2

1881年，日本政府在仓库内加装玻璃橱子，1913年，对正仓院进行修缮，除此之外，正仓院完全保留了古代的面貌。在中国，已经找不到完整的唐代木构建筑了，我们只能靠古籍的文字记载去推想这些建筑昔日的风采，而日本正仓院却为我们提供了真实的样本，仅此已经让建筑史学家和历史学家激动万分，更不用说它还保存了数以千计的文物珍宝，使得古代灿烂文明如此贴近我们。

正仓院建造精良固然是它能够保存至今的重要原因，然而，更重要的原因是它保存着古代日本天皇的遗物，因而得到了很好的保护。古代器物能够传世的很少，以至于我们不得不在很大程度上依靠考古发掘来再现古代的生活形态。但是，墓葬遗存不是我们能够选择的，因此带有很大的偶然性和局限性，至于代表一个时代最高工艺水平的皇室用品，我们往往连想都不敢想，在几近绝望的找寻中，正仓院像幽暗隧道中闪现的光明，把对千年古代文明的憧憬活色生香地再现于眼前，简直令人难以置信。

然而，它确确实实是真的，而且，它把皇宫生活的方方面面如此完整地保存下来，大大超出了人们的期望，让人喜出望外。

之所以有如此完整的保存，是因为这是皇室有目的的行动。正仓院的天皇用品来自光明皇后捐赠的圣武天皇生前喜爱的器具，寄托着她对圣武天皇的深情缅怀。

圣武天皇是日本第45代天皇，724—749年在位，使用过"神龟""天平"和"天平感宝"三个年号，尤其是"天平"年号，使用了二十年，此后的三位天皇，都曾以"天平"来命名年号，如"天平胜宝""天平宝字"和"天平神护"，因此，"天平"几乎成为奈良时代的象征，而奈良时代正是繁花似锦的盛唐文化全面传播于日本的如歌岁月。

中日两国的交往源远流长。当日本列岛还处于渔猎果腹的时代，中国江南的水稻文明传入日本，使得日本社会从新石器时代一举跃入青铜和铁器并用的金属时代，国家开始形成。最初的邪马台国祭政不分，尊奉"事鬼道"的处女为国王，时常向东汉和后来的曹魏朝贡，借助中国的权威建立国内的政治秩序。东晋南朝时期，倭国有五位国王先后入朝职贡。这种册封关系延续了几个世纪，之后由于中国南北分裂、东亚国际关系失去秩序而告中止。

当隋朝结束近四百年的南北分裂，重新统一中国的时候，日本也出现了强化中央王朝权力的趋势，一位被日本人民世代传颂的政治领袖——圣德太子出现了。他积极恢复同中国中断已久的国交，多次派遣使者到隋朝，向隋朝请教政治体制改革的经验，在国内大力开展以冠位和宪法为中心的政治改革，确立国王的政治权威，开"大化改新"之先河。

隋炀帝由于没有节制地征伐高句丽而引发国内各种政治矛盾，导致隋朝灭亡。新建立的唐朝是一个更有远见也更为强大的世界帝国，尤其是唐太宗确立了兼收并蓄的多元文化政策和清明宽厚的施政方针，奠定了唐朝文化空前繁荣的深厚基础，吸引了世界各国纷至沓来。在东亚，各国间的关系也随着唐朝的崛起而发生了剧烈变化，高句丽要确保在中国动荡期间扩张的领土和利益，抗拒唐朝。在朝鲜半岛南方，百济出于对新罗复仇的需要，与高句丽结盟。遭到高句丽和百济围攻的新罗则采取全面倒向唐朝的对策，以相抗衡。660年，唐朝为了救援新罗和开辟自南方夹攻高句丽的战线，派兵大举渡海，灭亡百济。663年，日本天智天皇为了获得在朝鲜南部的利益，出兵进攻新罗，转战救援百济残余势力。唐军和日本水军终于在朝鲜半岛中部的白江相遇，爆发大规模海战，结果，日本大败。痛定思痛，日本亲身体会到唐朝制度文化的巨大优越性，开始尝试进行彻底的内

正仓院

第一章 踏访东方古文明的宝库

图9

政改革。国际形势的巨大冲击，引发了日本内部的政治斗争。672年，大海人皇子起兵，推翻了天智天皇的继承人大友皇子而登上皇位，即天武天皇，历史上把这场大规模的内战称作"壬申之乱"。这场内乱为日本转而全盘吸收唐朝文化做了政治准备。此后，日本不断派遣庞大的遣唐使团到唐朝学习，积极移植唐朝文化，推行以"律令制"为中心的政治改革。天武天皇死后，皇后继承皇位，也就是持统天皇。694年，持统天皇下令迁都奈良，揭开了延续近一个世纪的"奈良时代"序幕。

奈良时代如同都城平城京所展示的那样，完全模仿唐朝首都制度。因此，日本史也称该时期为"唐风文化"时代。圣武天皇处身于外来文明汹涌澎湃的时代，他和光明皇后都醉心于灿烂的唐朝文化，热心学习，从正仓院藏品可以看出，他们两人都具有很高的唐文化修养，宫内的生活也充满唐朝的格调。

圣武天皇是天武天皇的四世孙。

天皇世系图

34舒明天皇……38天智天皇——39弘文天皇（大友皇子）

41持统天皇（女皇，天武皇后）

43元明天皇（女皇）

40天武天皇——草壁皇子——44元正天皇

42文武天皇——

45圣武天皇

在日本古代，天皇家族为了保持高贵血统的纯粹，一直实行族内婚。后来，婚姻的范围略有扩大，"大化改

图9·圣德太子与二王子像

正仓院

第一章 踏访东方古文明的宝库

图10

新"功臣后裔家族藤原家，成为与皇室通婚的家族。藤原家族原姓中臣，这个家族飞黄腾达，是因为中臣镰足在"大化改新"中立下大功，成为革新派的核心人物，天智天皇赐予他"藤原"姓，开启了这个家族千年兴盛的历史，尤其在奈良时代以及紧随其后的平安时代，藤原家族的权势如日中天，子孙遍布朝廷，执掌权柄。中臣镰足的两个女儿都嫁给天武天皇为妃，荣宠无比。此后，藤原不比等的两个女儿，又分别成为两代天皇的妃子，宫子嫁给文武天皇，光明子嫁给圣武天皇，她们两人在藤原家为姊妹，在天皇家则为婆媳。

藤原家与天皇的婚姻关系图

冰上（天武妃）

五百重（天武妃）

藤原不比等——宫子（文武皇后）

　　　　　　　光明子（圣武皇后）

光明子就是光明皇后，是她打破了皇室的规矩，以非皇族血统，成为皇后。由此也可以看出，光明皇后是一个性格刚强的女性。如果不是血统的限制，她完全有可能在圣武天皇逝世后成为又一位女天皇。

唐朝是中国古代文化鼎盛时期，北朝以来的民族融合，奠定了唐朝文化的多元性和开放性特点。来自北方的雄浑刚健之风，与南方婉约清丽之气，在中原相互激荡，化生出唐朝千姿百态的文化形态，也造就了那般浩然的盛大气势。多元文化的繁荣，根植于民族平等，也根植于性别平等。所以，唐朝妇女有着很高的社会地位，能够自由地参加各种活动。正是这种社会风气，所以，唐

图10 · 平城京复原模型图

朝出现了中国唯一的女皇——武则天。她的影响跨越海洋，响彻东亚，正仓院文书中所见到的武则天创造的文字，就是很好的证明。武则天作为女性的偶像，恐怕也深深地烙印在光明皇后的心里。据说武则天以自己的形象塑造了著名的洛阳奉先寺大佛，而在日本，也留下了光明皇后用自己的形象雕塑佛像的传说。

这两位女性政治家，无论在性格上还是在政治上，都有许多相似之处，尤其在尊崇佛教方面，如出一辙。武则天深信佛教，在全国各地建立寺院，利用佛教为其称帝制造"天命"。而光明皇后也热衷于佛教，大力推动佛教发展。圣武天皇时代，日本相继发生了大地震、流行病和内乱，在人心不安的年代，光明皇后积极推动佛教事业，利用佛教来稳定社会。为此，日本朝廷用了十余年的时间，花费巨大的人力物力，修建规模宏大的东大寺，其正殿安放的卢舍那佛像，号称世界上最高大的室内铜佛。

东大寺的全称为"金光明四天王护国之寺"，由此可以看出，这座官修寺院具有浓厚的政治色彩，寄托着统治者盼望它镇护国家的希望。东大寺和皇室有着十分特殊的紧密关系。

在寺院的西北处，另外辟出院落，建造收藏宝物的正仓。圣武天皇死后，光明皇后对丈夫思念如潮，宫内的摆设器物，都会让她触景生情，感到无比的悲切和空寂。于是，她把圣武天皇生前常用的东西分五批捐赠给了他们合力建造的东大寺，珍藏在这座设施条件堪称一流的仓库里，严加保管。这些物品，一一记录在册，册

图11 · 东大寺正殿　　　图12 ·《东大寺献物帐》

图11

图12

上布满天皇的玺印，成为东大寺藏品的珍贵目录，称作《东大寺献物帐》。

献物帐前后有五件。天平胜宝八年（756）六月二十一日，圣武天皇七九忌日，光明皇后捐献了一批珍宝，制成《国家珍宝帐》，记录了650件捐赠品。同一天，光明皇后还向卢舍那大佛捐献60种药物，留下《种种药帐》。一个多月后的七月二十六日，第三批捐献的王羲之、欧阳询书法屏风等82件珍宝，制成《屏风花毡等帐》。两年后，也就是天平宝字二年（758）六月一日和十月一日，光明皇后分两次捐献了王羲之、王献之父子书帖以及其父藤原不比等书写的屏风，制成《大小王真迹帐》和《藤原公真迹屏风帐》。以后，以上述捐赠为例，皇室陆续有器物捐赠给正仓院，同时，也常从正

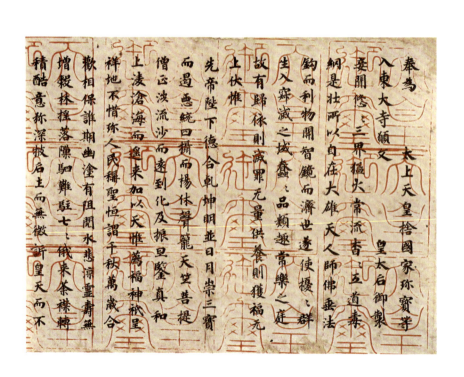

图13·《国家珍宝帐》卷首

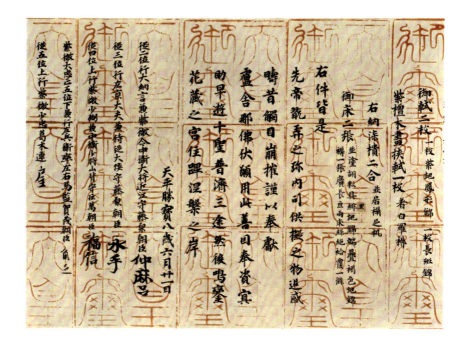

图14·《国家珍宝帐》卷尾

图15·《种种药帐》

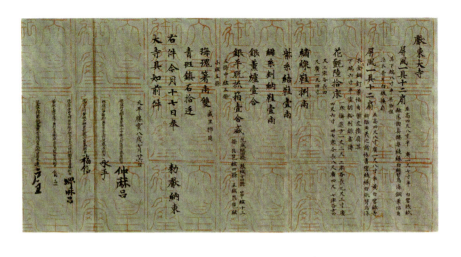

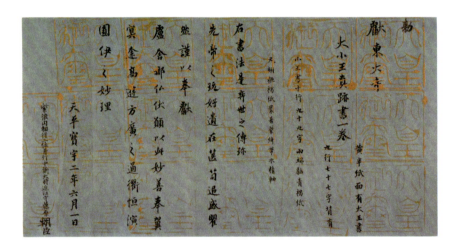

图16·《屏风花毡等帐》　　图17·《大小王真迹帐》

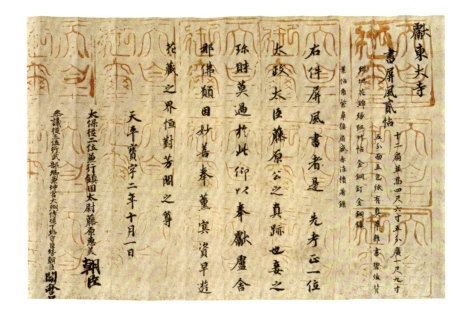

图18·《藤原公真迹屏风帐》

仓院借用藏品观览，正仓院俨然成为皇室的博物馆。正因为如此，正仓院得到精心的看护，得以延绵千年，向后人展示古代文明的辉煌。

光明皇后的情愫，客观上为人类保存了无价的瑰宝，也让后代世人走近正仓院的时候，平添几分亲切感。

每年秋天，金风送爽，正仓院的守护者就会细心地开仓清点这些稀世珍宝，将宝贵的书画拿出来曝晾，以防受损。借此机会，奈良博物馆进行一年一度的正仓院珍宝展览，短短的二十多天间，来自世界各地的人们涌向这里，走进历史的长河，领略古代东方文明的无限风光。

让我们也随着长长的人流，慢慢走进这座世上罕有的人类文明宝库吧。

图19 · 奈良博物馆"正仓院展"

第二章

佛法东流

每年秋天，当鲜红的柿子沉甸甸地压低枝头的时候，青翠欲滴的若草山下，正仓院就会迎来一年一度的开仓仪式。

开仓的仪式非常庄重。天皇派来的敕使，由正仓院事务所所长陪同，东大寺别当担任见证，参加仪式的人员身穿礼服，整齐列队，缓缓走向正仓院，登上台阶，在这里，要仔细检验天皇每年发布的开仓敕令，核对无误之后，用剪刀剪断锁上的封结，打开门锁，进入库房。年复一年，这个仪式代代相传，每一个细节都执行得一丝不苟，在这凝重而庄严的气氛里，弥漫的是人们对古代文明的崇敬和热爱。

在古代，开仓仪式远比今天复杂，近乎神圣。我们从东大寺传世的绘画里，找到了《元禄六年正仓院御开封行列图》，画卷细致地描绘了1693年举行的开仓仪式。

走在队列前头的是身穿红色官服的天皇敕使。有资格担任敕使的是朝廷太政官系统的弁官，他在官员、武士的簇拥下，昂然前行。后面紧随着的是手捧正仓院钥匙盒的僧使，以及东大寺僧职和僧官等人，奈良地方官率兵卒随行保护。

敕封是正仓院管理上非常重要的制度。正仓院根据天皇的命令，举行敕封仪式。封条上明记天皇的名号，或者花押，钤上封印。仓库门锁上捆着麻绳，麻绳打死结，天皇的敕令卷成小卷，用竹皮包裹，打在麻绳结里。只有天皇下达开封的敕令，才能剪开麻绳结开锁。而门锁钥匙由朝廷保管。收藏光明皇后捐赠品的北仓，管理最为严格，最早实行敕封。而后，平安时代，中仓也实行

图20·《元禄六年（1693）正仓院御开封行列图》

图21·《天保四年（1833）正仓院御开封绘图》

图20

图21

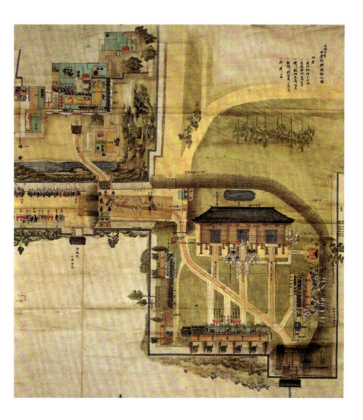

敕封。只有收藏东大寺珍贵物品的南仓，长期交由东大寺管理，一直到明治八年，也就是1875年，正仓院才统一移交国家管理，全部实行敕封。

30年后，为了用现代化手段更好地保护文物，日本在正仓院西面建造了钢筋水泥构筑的西宝库，珍贵的藏品大部分转移到西宝库保管。新库房有完善的温度、湿度控制，因此，曝晾宝物成为历史。但是，敕封制度仍然沿袭下来，西宝库的每一个入口，都有着天皇的敕封。如此严格的管理，极大地杜绝了珍贵文物的流失。这是古代文物能够历经一千多年的岁月沧桑完好保存下来的重要保障。

正仓院的管理极其严格。为了保护库藏文物，必须进行清点和曝晾，并且，每一次开仓，都留下详细的记载。根据记载，我们了解到从正仓院收藏圣武天皇遗物开始，一直到明治开国为止，一千多年间，正仓院只进行了12次清点曝晾。它笼罩在神秘的气氛之中。

日本实行明治维新以后，为了向世界夸耀日本悠久的文明，于明治八年对正仓院藏品开展调查，并在东大寺初次展出部分藏品。但是，由于展览和文物保护的矛盾，这个展览不常举办。第二次世界大战以后，随着文物保护技术和展馆的现代化，从1946年开始，奈良博物馆利用每年清点库房的机会，举办正仓院国宝展。从此，正仓院引起了全世界的高度关注，希望了解古代东方文明的人们从四面八方涌向奈良，短短二十余日的展览，引来数十万的观众，每天人山人海，盛况非凡。

图22 · 正仓院敕封门锁

图 22

1946年以来，正仓院虽然举办了50多次展览，然而，作为正仓院藏品的主要来源国，中国对正仓院的介绍几乎完全是空白。20世纪30年代，中国艺术史研究者傅芸子东渡日本，在日本著名学者内藤湖南、滨田耕作等人的帮助下，参观正仓院，写了《正仓院考古记》。然而，这本在日本出版的中国学者唯一一部研究正仓院的专著，却无缘在中国流传（编者注：该书2000年已由辽宁教育出版社出版中文版）。因此，我国对于正仓院的情况知之甚少，不能不令人感到十分遗憾。2003年，经过多方努力，我们获得日本正仓院事务所的同意，还得到奈良博物馆等有关单位的积极支持，终于有幸第一次踏入正仓院，实地调查拍摄。

正仓院的所有藏品，是进献给佛陀的。佛教在古代日本有着巨大的影响，以至于我们如果不了解佛教在日本流传的情况，就难以理解日本的古代文明。然而，佛教在日本传播的经过，却是那么扑朔迷离、艰难曲折。

日本学术界根据日本第一部正史《日本书纪》的记载，认为佛教是在552年传入日本的。这一年，百济国圣王派使者将佛像、经论和幡盖带往日本，同时还给日本钦明天皇写了一封信，信中称："是法于诸法中，最为殊胜，难解难入，周公、孔子尚不能知。此法能生无量无边福德果报，乃至成辨无上菩提。"然而，我们在《金光明经》里，发现这样一段经赞："金光明最胜王经，于诸经中，最为殊胜，难解难入，声闻独觉，所不能知。此经生无量无边福德果报，乃至成辨无上菩提。"毫无疑问，所谓百济圣王的表文抄自《金光明经》。可是，进一步的查考，令我们更加惊愕。《金光明经》是在703年由唐朝僧人义净翻译出来的。8世纪翻译的佛经文句竟然跑到6世纪百济国王的表文里，显然，这份表文是后人根据《金光明经》伪造的，佛教于552年传入日本的记载并不可靠。

于是，我们只能重新回到浩瀚的书海中寻找佛教传入日本的蛛丝马迹。终于，在日本佛教史籍《扶桑略记》引用的奈良时代延历寺的《僧禅岑记》中，找到不同的记载。根据这个记载，522年，有一个名叫司马达等的人在奈良地区结草堂拜佛。而且，让我们感到兴奋的是，这件事还出现在日本另一部古代佛教文献《元亨释书》之中。这两部历史文献透露了一个重要的事实，就是在百济将佛教传到日本之前，日本已经存在佛教信仰了。最关键的线索是"司马达等"这个人。

司马氏族是来自中国的古代移民，而司马氏是西晋皇室，随着西晋朝廷播迁江南，并以皇族的身份，在南方迅速繁衍。后来，又由于东晋内部政治斗争和政权更替，司马氏家族成员流亡各地，有一支曾迁徙到朝鲜。笔者注意到移居日本的高句丽僧人曾经介绍在高句丽还有司马氏族人的活动事迹，这提供了司马氏族迁徙到日本的一条线索。然而，更重要的线索却可以在中国的古代文献中找到，那就是《宋书》的《倭国传》。书中记载，倭王曾经派遣一位名叫司马曹达的使者到南朝刘宋朝廷，请求给予册封。把这些线索综合起来，可以判断司马氏应是来自中国江南的家族，流徙到日本之后，主要从事皮革、金属制作，故被称为"鞍作部"。由此看来，司马氏大约在5世纪就迁徙到日本了。他们在奈良地区定居下来之后，结草堂拜佛，那时佛教应该已经传入日本。

考古发现也为此提供了强有力的佐证。日本发现了数以百计的"三角缘神兽镜"，这种镜子为日本所特有，未见于中国和朝鲜。然而，镜子的纹饰源于中国，却没有疑问。中国社会科学院王仲殊研究员认为，这些铜镜是中国江南工匠到日本制造的。值得注意的是，有些铜镜上雕塑的是佛像，我们称它们为"三角缘佛兽镜"。中国的三国时代，铜镜制作中心无一例外都在南方。显

正仓院 · 第二章 佛法东流

图23

然，日本铜镜的源头就在这些地方。这些铜镜表明，佛教早在4世纪就从中国江南传入日本，从江南迁徙到日本的移民氏族，在其中扮演了至关重要的角色。

司马氏属于日本早期传播佛教的家族。当6世纪百济国王再次把佛教介绍给日本中央贵族的时候，日本国内早就存在于社会基层的佛教信徒起了至关重要的作用。圣德太子和苏我氏冲破旧贵族物部氏的阻拦，大力扶植佛教使其成为日本国教的时候，司马达等将其所拥有的佛舍利献给苏我氏。苏我氏举行斋会，把舍利放在铁砧上锤打，结果铁锤铁砧打陷了，舍利却完好无损；再把舍利放入水中，竟然浮而不沉。于是人们无不由衷地信服佛陀，皈依者源源不绝。

然而，在中国的《高僧传》里也可以找到与此相似的故事，说的是当年康僧会来到江南的时候，当地还没有佛教流传。于是，他用光芒四射的佛舍利说服了吴王孙权，同样是铁锤敲打不坏的舍利，让孙权亲身体验到佛法的无边，令其心悦诚服，下令建造了江南第一座寺庙——建初寺，从此，佛法在江南广泛流传，蔚然大观。

司马达等和康僧会相似的传法故事，从另一方面再一次证明日本佛教源于中国的江南。而且，两者的联系，历久弥坚，源远流长。

8世纪，江南佛教同日本之间又共同谱写了另一段可歌可泣的篇章。

圣德太子和苏我氏在日本大力倡导佛教之后，寺院像春

图23 · 三角缘佛兽镜，4世纪，垣内古坟出土

天的绿芽，出现于日本各地，元兴寺、法隆寺、四天王寺、药师寺……巨大的伽蓝，构成佛教繁荣的盛大气象。早期的佛教有力支持了日本中央政治权力，成为国家和思想统一的强大武器。但是，这种镇护国家的佛教，并不符合佛教自身发展的要求，因此，要让日本佛教有真正的发展，就必须培养佛学人才，延揽深具佛学修养的大德高僧前来授戒传法。在这些方面，日本可以说不遗余力。派往唐朝的遣唐使，一半以上就是学习佛法的留学僧人。至于延揽高僧，也一直在积极进行。曾经成功延聘洛阳大福先寺高僧道璇赴日本的荣睿和普照两人，在长安留学十年，留心物色能领导日本佛教的大德。他们选中了名扬天下的扬州大明寺律宗大师鉴真，并专程从长安前往扬州拜谒鉴真，介绍日本有佛法而没有授戒师的窘境，恳请鉴真到日本传戒，为海东之导师。

当时，圣德太子在日本大兴佛法的事迹传到唐朝，并传说他是南方陈朝南岳慧思禅师转世。鉴真被日本僧人弘扬佛法的热情深深打动，毅然决定前往日本传法。然而，鉴真德高望重，名动天下，所以唐朝不批准他赴日的申请，他们只好想方设法私自渡航。私自出国是犯法行为，而且，连天公也想挽留这位高僧，所以，他们的渡航充满艰难险阻，前后经历了六次出航，曾经因为手下向官府告密而失败，或是由于寺院僧徒不忍鉴真离去被阻拦而中断航程，还曾因为狂风恶浪而遭遇海难，漂流到海南岛，九死一生。一直陪侍鉴真的荣睿经历五次挫折的磨难，虽然逃过巨浪的吞噬和官府的牢灾，却病死在荒远的端州，把不屈的意志刻写在广东肇庆的纪念碑上。鉴真第一次出航时，已经55岁，在古代早就是老人了。他万万没有想到此行竟然花费了十一年，自己为炽热的宗教使命感所鼓舞，历艰险而志弥坚。然而，他毕竟是血肉之躯，在困厄中，他的双眼失明了。可是，他的心中一片空明，用个人微弱的生命之火，照耀崎岖的弘法路途。如此坚忍不拔，惊天地而泣鬼神，大海为

他让路,星辰为他导航。他终于在天宝十二载(753)十二月二十日,以66岁高龄抵达日本九州岛,鹿儿岛的火山为他燃起冲天的火焰,人们发出动地的欢呼。在鹿儿岛川边郡坊津町,日本人为他勒石纪念,世代铭记。

听说唐朝高僧要来传戒弘法,被国内大地震、流行病和内乱困扰的圣武天皇喜出望外,他做了最精心的准备,倾国家之力,建造世上最宏伟壮观的东大寺,恭迎当代高僧,祈祷天地合力,保佑国泰民安。这座世界上最大的木构佛殿,盖了12年。圣武天皇年年翘首等待,从奠基到落成,从身居皇位到让位改任太上天皇,一直没有鉴真的消息。天平胜宝四年(752),卢舍那大佛铸造成功,东大寺不得不举行大佛开光仪式,原定由圣武上皇为大佛点睛,但是,他最终因为生病而缺席,只好请印度僧人临时代替。然而,圣武上皇心里始终惦记着鉴真。

图24·鹿儿岛川边郡坊津

两年后的春天,鉴真到达京城,受到热烈欢迎,朝廷政要和各寺僧人争相拜谒鉴真,鉴真的弟子记下了那"车如流水马如龙"的盛况。圣武上皇专门下诏,请鉴真在东大寺立坛授戒。天平胜宝六年(754)四月五日,鉴真登上戒坛,掀开了日本佛教史崭新的一页,日本佛教终于能够独立传戒。最初受戒的是圣武上皇,在他之后,光明皇后和皇子也依次登坛受戒。这一天,还有将近五百位僧职人员接受了大小乘戒。

这激动人心的时刻,连同鉴真带到日本的许多国宝,被光明皇后记录保存下来,就珍藏在正仓院里。

皈依佛教的圣武天皇,为自己制造了许多袈裟,在正仓院北仓就可以找到九件,南仓和中仓还有六件,引人注目的是"七条织成树皮袈裟",这是圣武天皇穿着的袈裟。"织成"是古锦的一种,早在汉代已经用作官服,到唐代更加流行。古代袈裟将布剪裁成小片再缝缀起来,色彩斑驳,犹如"树皮",而"七条"则是用如此缝制而成的七条细长幅布,缀合成一大片布,制成袈裟。值得注意的是,这件袈裟上面写着"金刚智三藏袈裟"。金刚智是印度高僧,唐玄宗开元七年来到唐朝,翻译密教经典,成为中国密教的始祖。

图25 · 七条织成树皮袈裟
袈裟是梵文Kāsāya的音译。原意为"不正坏色衣",佛徒法衣必须避免用青、黄、赤、白、黑五种正色,而要用其他杂色。法衣有大中小三件,小件为五条,中为七条,大为九条以上。其织法用单色线为经线,用诸色线为纬线,织成后呈杂色斑,犹如树皮,故日本称此织法与色斑为"织成"和"树皮"。

图26 · 七条刺纳树皮色袈裟
佛陀集碎布衲成缁衣,为弟子所遵循。"刺"为缝合之意,"纳"即衲,亦即缝缀衲衣。

图27 · 九条刺纳树皮色袈裟
以上三件均录载于《国家珍宝帐》。

图25

图26

图27

金刚智的袈裟是通过什么人传入日本的呢？我们把目光转向入唐求法的日本僧人，回日本开创天台宗的传教大师最澄，曾经从唐朝师傅行满那里获得一件七条刺纳袈裟，如今珍藏在延历寺中；而创立日本密宗的弘法大师空海也在唐朝获得袈裟传承，珍藏于京都教工护国寺（东寺），其制法与圣武天皇的袈裟相似。显然，圣武天皇的这件袈裟是遣唐僧人带回日本并进献给他的，衣钵袈裟是传法的证明，金刚智的袈裟自然被圣武天皇视为至宝。而其他几件袈裟，从染织和缝制的手法来看，大概也都来自唐朝。

在日本，鉴真不但创立了律宗，成为一代宗师。而且，他还把中国的书法、语言、文学、医药和印刷技术等传入日本，影响巨大而深远。他晚年在奈良建造了一座唐式寺院——唐招提寺，寺院采用了唐朝宫殿的建筑样式，流传至今，成为绝响，为今日研究和复原唐式建筑，留下极其珍贵的实物证据。唐招提寺被日本列为国宝，其宏伟的金堂，以丰肥之柱，雄大之斗拱，承远大之出檐，是现存日本天平时代最大、最气派的建筑。而安放鉴真坐像的御影堂，乃唐招提寺灵魂所在，不对外开放。承唐招提寺美意，笔者得以进入御影堂，拉开内室狭窄的门扉，瞻仰鉴真慈祥的容颜，并在光线不足的情况下拍下这幅珍贵的鉴真坐像照片。

日本古代的佛教艺术，深受中国的影响，佛像造型艺术，鲜明地证明了这一点。佛教起源于印度，从印度、巴基斯坦到新疆库车克孜尔千佛洞所保存下来的早期佛教造型艺术珍品，都有着浓厚的异国色彩。十六国南北朝时代，佛教在中国大为流行，佛像造型也发生了重大

图28 · 唐招提寺的御影堂　　图29 · 鉴真和尚坐像

图28

图29

变化。北魏在山西大同云冈开凿石窟，雕塑大佛。历史学家研究发现，这些佛像的原型，竟然是北魏历代皇帝的形象。皇帝被神化，而佛教也被中国化和人格化了，佛教艺术走上了一条有中国特色的道路，随着时代向前伸延。唐朝出了中国唯一的一位女皇帝——武则天，她利用佛教为自己登基大造声势，并在东都洛阳龙门建造奉先寺，凿刻卢舍那大佛。这尊堪称唐朝艺术精品的佛像，相传是根据武则天的形象塑造的。奉先寺卢舍那大佛是那样的庄严、丰满和优雅，典型地反映了唐人的审美意识，深深影响了整个东亚世界。日本东大寺本尊也是卢舍那佛，造型与奉先寺大佛如出一辙，据说就是以后者为原型铸造的。

对唐朝文化的向往和追求，构成日本奈良文化的基本格调，以至于日本文化史将这个时期称为"唐风文化"时期。武则天这位伟大的女性，成为光明皇后的楷模，据说，流传至今的法华寺十一面观音立像，就是以光明皇后为模特雕塑的。光明皇后倾心于唐朝文化，她出自日本第一名门藤原家族，唐人多为单姓，为仿效唐人，她也把自己的姓加以省略，自署"藤三娘"。当然，改称单姓并不是光明皇后心血来潮，在唐风弥漫的奈良时代，模仿唐人的行为举止，成为贵族社会的时尚。

奈良古寺兴福寺珍藏着一尊三头六臂阿修罗像，其面如童子，骨相清峻，充满力量，是古代造像艺术的精品，被指定为日本国宝。这尊阿修罗像，是光明皇后为纪念其母亲逝世一周年而发愿雕塑的。

如此高超的佛教艺术并不是突如其来的。自从圣德太子

图30·《乐毅论》卷末　　图31·兴福寺阿修罗像

图30

猶對帝既大墮稱兵之義而喪濟弱之仁
蜀齊之節礙廉善之風掩宏通之慶業
王德之隆雖二城幾於可拔霸王之事遊其
遠矣然則燕雖無齊其與世主何以殊哉其
與鄰敵何以相傾樂生豈不知拔二城之速
于我頹城拔而業乖豈不知不速之致變
頹業乖與變同由是言之樂不屠二城其
志未可量也

天平十六年十月言
藤三娘

图31

将佛教立为国教后，日本佛教就一直在中国和朝鲜的佛教影响下迅速成长。奈良最古老的寺院飞鸟寺，也称作法兴寺，供养的飞鸟大佛，稍长而刚健的造像，明显带着中国北朝的风格。大佛的眼睛为杏仁形状，而法隆寺供养的圣德太子像，也是杏仁形眼，体现出飞鸟时代雕刻的特点。世界文化遗产法隆寺，于推古天皇十五年（607）由圣德太子建造，是世界上现存最古老的木构寺院，正殿安放的释迦三尊像，由来自中国的移民"鞍作部之首止利"负责铸造，同样具有中国北朝的佛像特点，作者巧妙地用佛陀轻薄的袈裟衣褶装饰基座，庄严优美、栩栩如生。法隆寺是古代佛教艺术的瑰宝。

从建造法隆寺到建造东大寺，其时代相当于中国隋唐时代，佛教造型从北朝刚健风格向唐朝圆满风格演变，这一变化，在日本的佛像中也得到同步反映，可见两国文化交流之密切。

在正仓院的藏品中，有一件珍贵的墨画菩萨像，被称作"墨绘麻布菩萨"。画高138.5厘米，宽133厘米，由两块麻布缝接而成，描绘菩萨坐在云朵之上，自天而降。菩萨浓眉高颧，深目细长，下颌前曲，体态丰满，颇似西域胡人形象，可以看出波斯萨珊王朝的影响。菩萨衣带飘扬，线条奔放，颇有唐朝画圣吴道子"吴带当风"的风格。而且，菩萨高髻戴冠，这在唐代十分常见，在日本也可以找到相似的绘画。法隆寺壁画中的菩萨像，同样是高髻着冠；而敦煌壁画中的供养菩萨像，也是相同装束。墨画发达于唐朝，传播于东亚各国，正仓院这幅墨画菩萨像堪称日本天平时代的墨画杰作，是日本仅存的水墨白描画，弥足珍贵。

图32·法隆寺西院伽蓝　　图33·法隆寺释迦三尊像

图32

图33

图34·墨绘麻布菩萨　　　图35·法隆寺菩萨壁画

图35

正仓院收藏的佛教器物，种类丰富。白石火盆，用五只狮子为足，托起大理石的火盆。也有用赤铜制成，同样以狮子为足。狮子不属于原产日本的动物，因此，这种造型应该是外来的。在陕西省临潼县新丰镇庆山寺遗址出土的青铜火盆，也是以兽为足，虽然多了一足为六足，但可以看出属于同类制品。

在祭佛行列中，可以见到手持长柄香炉的僧人。正仓院南仓保存着五把长柄香炉，分别用黄铜、赤铜和白铜制成，其中四把是狮子镇坐在柄尾的香炉。最华丽的当数紫檀金钿柄香炉，长39.5厘米，高7.6厘米，炉面用金铜制作，镂空雕刻莲花，上面立着一头威猛的狮子，香炉周围嵌入四株金银花卉，花芯用红、绿水晶镶嵌，周围配以蝴蝶、飞鸟纹饰。炉身与底座之间有空心铜柱，以长钉铆接。底座用紫檀雕成二十四瓣，侧面每瓣绘一花朵，花芯嵌绿色琉璃。炉体和长柄使用紫檀，用锦缠以丝条系结，柄绘花草彩蝶和迦陵频伽，镶嵌水晶，柄尾端坐一头狮子。狮子形象在唐朝日用装饰中十分流行，河南省洛阳市龙门西山神会和尚墓也出土了狮子镇柄的香炉，与正仓院藏品相印证，如此巧夺天工的工艺品，舶来品的可能性颇高。

另外的四把香炉中，赤铜柄香炉的长柄末端犹如鹊尾，这属于中国南北朝时代的样式，可以在北魏、西魏和北齐的佛教雕塑及壁画中见到。在陕西省扶风县法门寺地宫发现的唐代佛教金银器物中，也有一把素面长柄银手炉，呈高圈足杯状，柄为如意云头曲折状，香炉与长柄连接处用心形或花瓣形金属片装饰，以两颗圆头钉固定，炉身把手接在手柄上成为受力支柱，同正仓院香炉

图36·白石火盆

图36

正倉院 · 第二章 佛法东流

图37 · 紫檀金钿柄香炉　　　　图38 · 紫檀金钿柄香炉（首部）

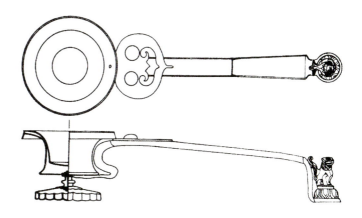

图39·紫檀金钿柄香炉(尾部)　　图40·洛阳龙门西山神会和尚墓出土狮子镇柄香炉(线图)

正仓院 · 第二章 佛法东流

048
049

图41 · 赤铜柄香炉

图42·黄铜柄香炉

图43·法门寺地宫出土素面长柄银手炉

制法完全相同，综合以上诸点，正仓院收藏的香炉应是唐朝制品。

漆金薄绘盘是正仓院收藏的另一件艺术珍品。它是一件木质漆器，宛如一朵盛开的莲花，底座上有四层花瓣，每层八片，中心是半球形的莲心。木雕的莲瓣，轻盈委婉，向外款款绽放，造型极为优美。每片花瓣均鎏金施彩，绘有鸳鸯、衔花鸟、迦陵频伽和狮子等精美图案，铅丹、朱、群青、胭脂、靛蓝等各种颜色交织在一起，显得无比华贵。乍看仿佛佛陀的莲花座，但在底座上有墨书"香印坐"，据此可知乃香炉的台座，供于佛陀案前，它在香烟缭绕中金光闪闪，熠熠生辉。

清池生莲花，优雅芬芳，象征着圣洁，令人神往。佛教以莲花作为往生的寄托、报身净土，平常供奉于佛像之前。正仓院南仓收藏着一件用日本厚朴材木雕成的莲池，底座雕成蜿蜒起伏的池堤，池底用白色描绘白沙，放置贝壳，一株莲花出水，主茎绽放三朵莲花，有莲蓬为芯，左右两茎托起两片荷叶，还有两株莲蕾含苞待放。莲茎用金铜制成，莲蓬、花瓣、翻叶都是木雕贴金箔，极其精巧。如此优美的造型，也出现在法门寺地宫出土的文物中，令人惊喜。这件文物被称作"银芙蕖"，芙蕖就是莲花。法门寺的这枝芙蕖以银箸做莲茎和底座，用银箔做成花叶，主茎顶端有莲蓬为芯的莲花一朵，内外三层，共十六瓣。主茎中部有莲蕾一朵，由此分出两枝莲茎，左右伸展，荷叶翻卷，舒展飘逸。

图 44 · 漆金薄绘盘　　图 45 · 漆金薄绘盘（局部）

图 44

图 45

这些佛具让我们不难想象当日佛事的盛大场面。4世纪前后,佛教自中国江南地区传入日本。到6世纪,佛教从朝鲜半岛再度传入日本。反复多次的冲击,又遇上日本从贵族世袭政治迈向中央集权体制的历史机遇,佛教因此成为日本国内统一思想文化的强势意识形态,发挥了巨大作用,受到天皇、贵族的无比尊崇。正仓院是日本古代文明的见证,也是古代佛教的艺术宝库。

图46·木雕莲池　　图47·法门寺银芙蕖

图 46

图 47

第三章

撩开宫廷华贵生活的轻纱

古代宫廷生活像谜一样，被高高的城墙和深深的庭院所遮断，更被时间的流逝所湮没，然而，它是古代人类生活的华丽缩影，所以，人们一直在寻找蛛丝马迹去探究宫廷生活的真相。日本用文字记载的历史，要迟至8世纪初才出现，在此之前，只能依靠中国史学家为他们写下的记录。《三国志·魏书》里关于"倭人"的记载，是最早被派往日本的魏朝使节撰写的报告，详细记述了当地的见闻。那时候，日本还称作倭，史籍上出现的第一位倭王是个女子，名叫卑弥呼，"事鬼道，能惑众，年已长大，无夫婿，有男弟佐治国。自为王以来，少有见者。以婢千人自侍，唯有男子一人给饮食，传辞出入。居处宫室楼观，城栅严设，常有人持兵守卫"。圣女般的女王，并没有让我们了解到倭王生活的真实情况，反而让人生出迷惑，倍增好奇之心。

在日本古都京都，完好地保存着古代的皇宫——御所，在白色细沙石地上，高高的围墙圈起一大片土地，里面是一个套一个的木结构宫殿和庭院，寂静而幽雅，不上色的木材经受风雨的洗刷而显得灰暗，岁月沧桑都显现在洗尽铅华的古朴之中，却感觉不到中国皇帝君临天下的豪迈。从8世纪末至明治维新，日本天皇就居住在这里。那时，纯然模仿唐朝的风气日渐消退，扎根于本国的"国风文化"茁壮成长，庄园和武士阶层也日渐发展，终于在贵族的腐败中，武士建立了通过幕府实行政治统治的政权，从此天皇大权旁落。紧挨着御所的就是江户幕府设在京都的政权机构兼行宫——二条城，巨大的石块，依高地垒砌，俯瞰皇宫，气势逼人。内里雕梁画栋，金碧辉煌，武士的豪奢与跋扈，对映出皇室的失意和无奈。

然而，御所和二条城都是后来建造的，在此之前，也就是日本为国家强盛而致力于吸收盛唐文明的奋发向上的时代，皇室所代表的上层社会生活到底是什么样呢？

光明皇后感伤生离死别而把圣武天皇的生活用品大批捐赠给正仓院保管,使得我们再现古代皇室生活的梦想得以实现,填补了古代史的重要空白,我们不能不深感庆幸。

怀着喜悦的心情,我们努力再现日本天皇生活起居的场景。盛唐文化汹涌澎湃的奈良时代,日本模仿长安,建筑以笔直的南北和东西道路区划分隔的条坊制京城,虽然它已经被岁月湮没于地下,但是,考古勘探使其旧貌得以再现。根据勘探的遗迹,日本正在部分重建古代都城,矗立在我们眼前的就是复原的朱雀门,沿着朱雀大道,这片宽阔的绿地,就是太极殿的遗址,从柱础也能看出,规模相当宏伟。受中国天子居中驭四方的天下观念影响,日本和朝鲜国王都曾经建造宏伟的皇城,希望建构仅次于中国的另一个天下。

太极殿后面,是天皇生活起居的宫殿,为避潮气,地面高起,铺上木板。为适应日本多雨潮湿的气候,皇宫的房屋

图48·平城京遗址上复原的朱雀门

空间尽可能宽大，利于通风。根据需要，室内可以用活动的拉门或者屏风区隔出不同功能的区域，也可以打通成为一片，灵活多变，屏风在皇室日常生活中经常使用，所以也大量流传下来。根据《国家珍宝帐》记载，正仓院收藏过100叠屏风，计596扇，保存至今的约40叠。

正仓院屏风有图画的和文字的两种，收藏于北仓的鸟毛立女屏风，一叠六扇，录载于《国家珍宝帐》中，确属当年捐献的皇室遗物。此屏风边框及连接构件均已损坏，故19世纪30年代曾经做过修复，并按照下面的顺序排列：前三扇是立于树下的美女，后三扇的美女则坐在树下岩石之上，姿势各异，面貌如一。美人发髻、衣裳及点景树石，原本粘贴鸟羽，可惜均已脱落，故仅余墨画线条。画中的美女蛾眉长目，体态丰满，双颊施朱，樱嘴点红，浓妆艳抹，恰如元稹《离思》诗中所描写的"须臾日射燕脂颊，一朵红苏旋欲融"。她身上穿着的羽衣，在唐朝贵族中十分流行，太平公主曾经用各种珍奇飞鸟的羽毛编织成色彩斑斓的裙子，白天看是一种颜色，晚上看又是一种颜色，从不同的角度看，会显现出不同的色彩，让人啧啧称奇。于是贵妇人群起仿效，竟把江表岭南的珍禽异兽毛羽采集殆尽，可知用鸟兽羽毛制作服饰在当时何等风行。这样一件羽衣，价逾千金，何等珍贵？穿着羽衣翩翩起舞，飘然欲仙，当年的杨贵妃就这样踏着唐玄宗谱写的曲子飞舞，那《霓裳羽衣曲》的传说，成为对大唐盛世的追忆。

眉间施翠钿，是唐朝女性流行的打扮，在唐朝画作中随处可见，例如敦煌和吐鲁番的壁画。这种妆扮流行甚久，文人骚客常加赞美，温庭筠《南歌子》写道："脸

图 49
图 50

图51
图52

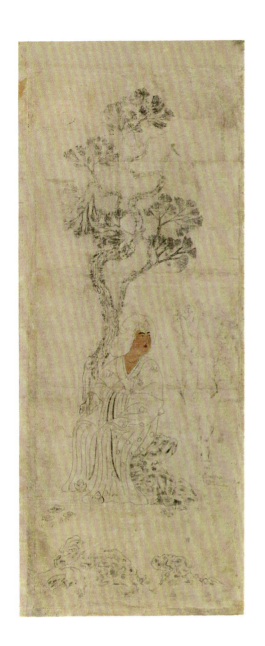

图53
图54

上金霞细,眉间翠钿深。"翠钿亦施于靥上,温庭筠《菩萨蛮》描写:"翠钿金压脸,寂寞香闺掩。"正仓院屏风画上的美女,发髻高高,胸襟低开,羽衣上披着轻柔的薄纱,浑身上下无不焕发唐朝妇女的风韵,恰似周昉所绘之仕女。

从画面来看,正仓院这六幅屏风似乎来自唐朝。这不能不引起专家学者的极大兴趣,他们对画上所用鸟羽做了分析,证明使用的是日本雉鸡的羽毛。而且,屏风衬纸用的是日本天平胜宝四年(752)的文书。据此判断,这件屏风是日本人的作品,而它对唐朝仕女画惟妙惟肖的模仿,令人赞叹。

树下美人的艺术构思是外来的,多见于中亚和印度古代,在中国也广泛流传,吐鲁番壁画有树下美人图,埋藏敦煌文书而闻名于世的敦煌17窟壁画,也有相同的图画。在唐朝内地,树下美人图案也颇为常见,1995年,陕西省富平县南陵村发掘的景云元年(710)节愍太子墓,后室西壁绘有树下贵妇屏风六扇,和正仓院的鸟毛立女屏风有异曲同工之趣。在此之前,也就是1988年,考古工作者在长安县南里王村韦氏墓发现了中晚唐屏风壁画,同样是由六扇组成,经陕西历史博物馆专家修复,完整地展示在世人面前。

根据这件屏风画,可知此类屏风画的基本构图:左右各两扇的美人站立于树下,中间两扇的美人则端坐于树下,一位弹奏琵琶,一位摇团扇听曲。根据唐屏风壁画来看正仓院这六扇鸟毛立女屏风,目前的排序为左边三扇中的美人呈站姿,右边三扇中的美人为坐姿,似乎可

图55 · 敦煌17窟树下美人壁画　　图56 · 吐鲁番树下美人壁画

图55

图56

图57·吐鲁番仕女弈棋图

图58·周昉《簪花仕女图》（局部）

图59 · 正仓院鸟毛立女屏风（局部）　　图60 · 长安县南里王村韦氏墓中晚唐屏风画

以商榷。日本是否将其中一扇中美人的站姿修复为坐姿呢？许多疑问，有待于今后通过比较研究去解答。

在中亚，青翠的树木是生命力的象征，因而成为艺术构图的要素，然而，随着它在中国的传播，树木越来越变成艺术的装饰。日本受唐朝的影响，同样可以看到这种细微的变化。从正仓院骐鹿草木夹缬屏风、象木臈缬屏风和羊木臈缬屏风，再到鸟毛立女屏风，可以清楚地看出这种变化。

正仓院收藏的屏风中，还有一类是书写格言警句的，例如：近贤无过，亲佞多惑；清贫长乐，浊富恒忧；孝当竭力，忠则尽命；君臣不信国政不立，父子不信家道不睦。这些屏风同样是用鸟羽粘贴而成，内容多为儒家至理名言。唐太宗把治国之道书写于屏风自励，甚至将政务官、地方官名字写在屏风上，反复斟酌，励精图治，成为唐代有名的故事。日本天皇的这类屏风，恐怕受到了唐太宗故事的激励。实际上，天皇所用的屏风，相当一部分是从唐朝输入的，在《国家珍宝帐》上，赫然记载着：大唐勤政楼前观乐图屏风，由此可见一斑。

古人席地而坐，十六国时代，少数民族把许多外来的生活习俗传入中国，使用桌椅便是其中之一。新的习俗又因为各国间人员的流动而逐渐传播开来，桌椅也传入日本，正仓院保存了24张桌几，可见其在皇宫中使用颇广。桌几的脚从18只到36只，多寡不等。其中一张柏木桌几（图63）两边各有十四只桌脚，高90厘米，与现在桌子的高度相同。与高桌几相配的有面宽六七十厘米的赤漆木胡床，表面上漆，明显大于今天的座椅，适合盘腿而坐，

图61·骐鹿草木夹缬屏风

图61

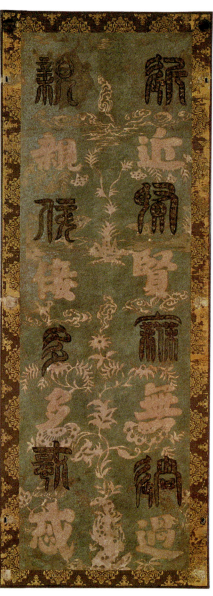

第三章 撩开宫廷华贵生活的轻纱

图62

由此可以看出生活习惯从席地而坐向使用座椅的过渡。

其实，圣武天皇和光明皇后的生活方式堪称新潮。正仓院里保存着两张卧床，推测为圣武天皇和光明皇后的用具，长237厘米，宽119厘米，高38厘米，御床铺上厚厚的褥子，和今日松软舒适的床铺没有什么不同。日本研究者根据正仓院保存的家具复原天皇的起居室，如果不是亲眼所见，我们真不敢想象外来文化对天皇日常生活的影响如此之深。

就日本人的生活习惯来说，仍然以席地为主。因此，地上铺垫的用品，颇为讲究。毛毡和色毡在皇宫里使用颇多，正仓院北仓和中仓现存的毛毡多达37条，南仓还有色毡14条。从毛毡的花纹、材料和当时的文书记载来看，外来品居多，有来自唐朝的，也有来自新罗的，更有来自中亚的。藏品来源多样是正仓院的一大特色，东西文化交流的路线本来就有很多，通过西伯利亚草原到达日本也是其中的一条，而从日本向东，便是浩瀚的太平洋，在这个意义上，正仓院正好位于东西文化交流的东端，成为奈良文化国际性特点的缩影。

宫内悬挂的织锦，精美异常。凤凰是十分常见的装饰图案，织锦里也少不了凤凰的身影。正仓院藏有一件凤凰织锦（图69），我们可以在吐鲁番见到类似的样式。南仓收藏的花树孔雀纹刺绣，虽然上下两端均有破损，但其美丽的图案，仍然引人注目。五彩斑斓的孔雀，在绿树花丛中翩翩起舞。通过对这些织锦做成分分析，可知它们是日本的仿制品，由此可以看出日本积极吸收外来技术文明所取得的长足进步。善于学习和认真谨慎的特

图62 · 鸟毛篆书屏风

图63

图64

图65-1

图65-2

图66-1

图66-2

图63·多足几　　　图64·赤漆桧木胡床　　　图65·御床　　　图66·起居室（复原）

正仓院 · 第三章　撩开宫廷华贵生活的轻纱

图67·花毡

图68·花毡
花毡由浅红色和蓝色花草构图，中央站立一人，左手持击球曲棍，右手拿球，是唐朝十分流行的打马球图案。

点，是古代和现代日本崛起的基本要因。

在刺绣品中，最耀眼的非缥地大唐华文锦琵琶袋莫属。它在一片织锦上竟然使用了多达9种颜色的丝线，为古代刺绣的世界之最。九种颜色织出莲花、忍冬等花草，左右对称，华美而端庄，用作盛装优雅古琴的袋子，与古琴交相辉映。

席地而坐，低矮的小几几乎是必不可少的，日本人把这种小几称作轼。保存于正仓院北仓的紫檀木画挟轼，高33.5厘米，长111.5厘米，宽13.7厘米，轼面使用柿木，上贴紫檀薄板，两端贴楠木板，挟轼四周及足基镶金嵌银，勾画出花草蝴蝶和飞鸟的图案，紫檀上漆，四足中部套有三层象牙圈，做工极为考究，是圣武天皇生前十分喜爱的物品。相对于木质坚硬的挟轼，锦绫制成的御轼和大枕就柔软多了。日本古典诗集《万叶集》描写古代贵族生活，集中常常可以见到"菅枕"和"荐枕"，它们乃用植物纤维作芯，外面裹以锦绫。圣武天皇使用的白陈绫大枕，长68厘米，宽36厘米，高度却有28.5厘米，这样的高度显然不适合做睡眠的枕头。我们再看圣武天皇喜爱的另一件用品——紫地凤形锦轼，凤凰外围配以葡萄唐草花纹，显得富丽堂皇，长79厘米，宽25厘米，高20厘米。看来，所谓的大枕，其实也属于轼的一种，它用麻作轼芯，柔软似枕。和使用锦轼一样，人在席上半起半卧的时候，可以慵慵懒懒地撑起身子，拿个大枕或御轼垫着手肘，或者靠在胁下，相当舒坦。至于读书，则有专门的架子，两头将卷轴固定，缓缓展开，诗书字画就展现在眼前，这么方便的架子，以前并不多见。

图69 · 紫地凤纹锦

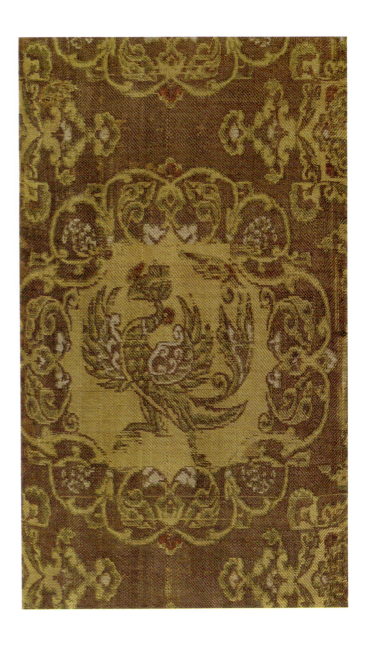

正仓院 · 第三章 撩开宫廷华贵生活的轻纱

图70 · 花树孔雀纹刺绣　　图71 · 缥地大唐华纹锦琵琶袋

图71

受唐朝文化风气的熏染，日本贵族很讲究诗书修养，圣武天皇和光明皇后都写得一手好字，所以，对艺术的追求，也表现在对文房四宝的喜爱上。

圣武天皇拥有一方足可夸耀的青斑石砚，砚台本身是陶土烧成的"风字砚"，砚体长14.7厘米，宽13.5厘米。风字砚在日本各地官衙均有发现，难得的是这方砚被嵌在青石里。这块青石为蛇纹岩，做成六角形。还专门做了一个檀木架子，高8.2厘米，直径30.5厘米，架脚呈椭圆形，台面的直线与架脚的曲线相结合，刚健中蕴含着柔美。紫檀木架外侧镶着染成绿色的鹿角、象牙、黄杨木、黑柿和锡做成的木画，十分精美，专家鉴定它应该是从唐朝输入的，圣武天皇似乎没舍得使用，所以它一直是崭新的。

天皇使用的笔制作精良，笔杆采用斑竹，尾端以象牙装饰，笔毫有兔毛、狐狸毛和鹿毛等几种，长约2厘米。制作者用纸张搓成细绳，顺着笔毫圈出圆锥体，仅露出毫尖部分，再配上保护笔头的笔帽。笔帽用紫檀、薄银片和象牙制作，做工极为精细。现存的墨为船形，有唐墨、新罗墨和日本墨，唐墨上面刻着"华烟飞龙凤皇极贞家墨"，新罗墨则刻着"新罗杨家上墨"或"新罗武家上墨"，可知是当时名家制作的墨，唐墨上有"开元四年"纪年，正值盛唐时代，恐怕是现存最古的墨了。

奈良时代，纸张还十分珍贵，日常生活中更多使用的是木简，但是，这并不等于日本没有质地优良的纸张，更何况对热爱书法的天皇和皇后而言，留意收集称心如意的纸张恐怕也是一种爱好。圣武天皇留下的一部手稿，使用的是很好的色麻纸。色麻纸是当时使用较多的

图72 · 紫檀木画挟轼

图72-1

图72-2

正仓院 · 第三章 撩开宫廷华贵生活的轻纱

082

083

图73

图74

纸张，例如用于抄写书籍、佛经等。色麻纸有红色、白色、淡褐色、黄褐色和褐色五种，按照每种颜色5张，5种颜色共25张为一套，四套为一卷。正仓院还有更精美的彩绘纸，采用上等的麻纸，浅色印上麒麟、凤凰、燕子、水鸟、鱼类等图案。更有一种在日本称作"吹绘纸"的特制纸张，是在白麻纸上贴花卉山水、飞鸟走兽、树木蝴蝶等图案，再吹喷上色彩，然后揭下图案，纸面凹凸，显得有立体感。正仓院保存的纸张，据专家鉴定，是从唐朝输入的。

皇宫的装饰品数量众多，我们没有办法一一介绍，这里仅介绍一件珊瑚（图79）。这是一株已经干了的珊瑚标本，专家研究了其类型与产地，认为是属于西太平洋、印度洋、红海等热带及温带浅海地区的产品，显然是从外国输入的。在中国，通过南海贸易输入珊瑚，它不仅常用作装饰物，还具有炫示财富的意义。西晋年间，王恺和石崇斗富是很有名的故事，王恺得到晋武帝暗中帮助，获赐一株高约三尺的珊瑚，向石崇炫耀，结果被石崇用铁如意击碎，然后，石崇让家人取出五六株形状优美的珊瑚赔偿王恺。魏晋南北朝玄学造成的飘逸美感，也影响了日本。正仓院收藏的屏风，就有魏晋南北朝时代十分流行的蓬莱山水图画，所以，珊瑚出现在正仓院藏品中，似乎也很自然。

天皇的生活多姿多彩。中国流行的各种娱乐游戏，在这里都能见到。日本遣唐使一批批前往中国，相传其中有一位日本王子，擅长围棋，在日本没有对手。王子兴高采烈地随遣唐使到中国，想要领教唐朝国手的水平。大唐天子不敢大意，唯恐输了棋有失大国颜面，所以让翰

正仓院 · 第三章 撩开宫廷华贵生活的轻纱

图75 · 青斑石砚　　图76 · 笔　　图77 · 墨　　图78 · 绘纸

图77

图78

正仓院 · 第三章 撩开宫廷华贵生活的轻纱

图79

林院的第一国手顾师言低调应战。双方战了二十多手，顾师言还没有占到上风，急得他额头冒汗，终于想出一手"镇头神"的变招。日本王子陷入长考，找不到破解的办法，便问在一旁作陪的官员，眼前这位棋手在贵国位列第几？官员见顾师言花了23手才获得优势，就骗日本王子说是第三名。王子提出希望和第一名下棋，官员告诉他，你必须先赢了第三名，才能和第二名下，赢了第二名，才能和第一名下，现在你连第三名都赢不了，怎们能和第一名下呢？日本王子听后，投子长叹道："小国第一，不如大国第三。"

这则故事告诉我们，日本吸收中国文化十分快速，到盛唐时，围棋水平已经很高了。今天，围棋在日本家喻户晓，普及率之高，犹胜我国。琴棋书画，是中国传统贵族的四大修养，日本也深受熏染，天皇至少也是围棋爱好者，正仓院保存了三具非常精美的围棋棋局，北仓收藏的"木画紫檀棋局"，尤其精巧称绝，紫檀的漆板上用象牙镶嵌经纬各19条线，17朵花组成分布于盘面的星，棋盘侧面分隔出一个个长方形画格，雕刻花鸟、走兽和人牵骆驼的图案，对角两头暗藏抽屉各一个，拉开抽屉，是盛棋子的盒子，棋子分红、蓝两色，以象牙做成，每枚棋子上都细致地镌刻着衔花草的仙鸟，让人爱不释手。好马配好鞍，盛棋子的银平脱漆盒，在黑漆盒面上，用薄银片雕饰花纹，隐隐衬底，金片雕饰的大象和植物，流光闪烁，显得富含层次，有立体感，盒子圆周饰以金箔花朵。这样一套围棋棋局，不知要花费多少专业工匠的心血和时间，精美至此，令人叹为观止。

正仓院 · 第三章 撩开宫廷华贵生活的轻纱

图80 · 木画紫檀棋局　　图81 · 银平脱漆盒　　图82 · 棋子

宫中的游戏丰富多彩，双陆也是常见的一种。双陆自天竺也就是印度传入中国，盛行于南北朝、隋唐时代，在专门的棋盘上，双方各有15枚棋子，按掷骰子的点数各占步数，先走到对方者为胜。我们一般认为双陆的棋子为16枚棒槌形的"马"，正仓院的藏品告诉我们，唐代双陆子用琥珀、水晶、石英、蛇纹岩或者琉璃制成，为15子。骰子则为象牙制。双陆筒保存在中仓，用于摇骰子，用紫檀材木制成，施以金银泥灰，用银做筒口筒底。双陆棋局也很考究，现存5具，有木画紫檀棋局、木画螺钿棋局，也有沉香木画棋局，都十分精美。

投壶是中国古老的游戏。《礼记》专门设有《投壶》篇目，详细记述了宴会上主人奉矢邀请客人投壶的过程，这本来是助酒兴的游戏，但是后来演变为一种礼仪，汉代大儒郑玄认为投壶是主人和客人在宴饮时讲论才艺之礼。投壶在古代十分流行，雅歌投壶，风流多趣。传入海东，深受各国王公贵族喜爱，蔚然成风。中国南北朝正史记载海东国家风情时，屡屡提到投壶、围棋等游戏的流行情况，津津乐道。正仓院的投壶提供了很好的实物证明，铸铜镀金的壶，高31厘米，壶径21.7厘米，颈长口狭，有双耳，壶身镌刻山岳花草、狮子飞鸟等花纹。现存投壶用的矢23根，分为木制和竹制两种，木矢颜色较深，矢尾绘金银泥画，箭镞用水牛角或木做成。

行走坐卧，宫内的生活无处不彰显高贵典雅的格调。南北朝以来，南方的清玄儒雅和北方的雄浑豪迈，因隋唐的统一而融为一体，深深地影响着周边国家，成为东亚文明内在的坚强纽带，日本皇室高度外来化的生活方式，雄辩地说明了东方文明的特色。

图83·木画紫檀双陆棋局　　图84·杂玉双陆子

图 83

图 84

正仓院 · 第三章 撩开宫廷华贵生活的轻纱

图85 · 投壶　　图86 · 投壶矢（头部、尾部）

第四章

盛大的乐舞

SHOSOIN

IV

唐朝建国的漫天烽烟，激励着统治者励精图治，致力于建设空前繁盛的世界大帝国，雄才大略的唐太宗把当年征战的追忆，谱写成威武雄壮的舞曲——《秦王破阵乐》。冲锋陷阵的动地鼙鼓，震撼人心的雄健乐舞，随着和平年代的持久延续而日益变得异样。唐太宗柔弱的儿子高宗即位后，就因为不喜欢此曲中的肃杀气氛而将它束之高阁，它最后竟然被遗忘而失传。然而，毕竟是那个波澜壮阔时代的旋律，是初唐音乐的代表之作，所以，后人一直孜孜不倦地找寻此曲的下落。千年寻踪，我们终于在日本近卫公邸发现了奈良时代风格的传世古抄本《五弦谱》，经过日本著名音乐史学家林谦三等人的不懈钻研，《秦王破阵乐》和《王昭君》等一批古乐重见天日。

在中国，音乐史学家同样也在致力于再现大唐盛世的雄壮乐曲。20世纪初，敦煌藏经洞发现了大批古代文书，其中包含唐代古乐谱，让学者们为之振奋。然而，天书般的记谱文字究竟代表什么，却没有相关典籍流传下来。上海音乐学院叶栋教授以不屈的努力，在艰苦条件下顽强地坚持研究，遍阅古今文献，终于破解了敦煌古谱，进而推及正仓院古琵琶谱的解读，在日本学者研究成果的基础上，结合敦煌古谱研究的新成果，重新破译了《秦王破阵乐》等古谱，使得千年绝响再次奏鸣。

如此美妙的音乐，发自如此美妙的乐器，不能不引起人们巨大的兴趣，他们把好奇的目光首先投向一把精美且奇特的琵琶（图87）。

这是现代人从来没有见过的琵琶，它有五根弦，比今日的琵琶多出一根，从而具备了更加丰富的音域和表现力。五弦琵琶在今天已经完全见不到了。那么，它流行于什么时代？会不会是日本独创或者改良的乐器？

琵琶在中国的出现并不晚，但是，这种音箱呈半梨形的琵琶却是外来乐器，最早出现在印度一带，大约在十六国时期传入中国。琵琶在中国的传播与普及，同中国的思想解放运动有着密切的关系。

汉代建构起了儒家统治意识形态，音乐作为政治教化和歌功颂德的手段，成为政治的附庸，缓慢肃穆的曲调充斥庙堂。东汉末年的政治腐败和对清流官员士人的镇压，造成天人合一政治信仰的崩溃，思想解放运动风起云涌。杰出的思想家嵇康创作了《声无哀乐论》，指出音乐追求的是声的和谐完美，与人的感情变化并无关系，"音声有自然之和，而无系于人情"，"声之与心，殊途异轨，不相经纬"，猛烈批判了儒家将音乐政治化的理论，把音乐从政治的附庸地位解放出来，冲破了旧思想的束缚，为各国音乐和乐器向中国的传播奠定了重要的理论基础。这时期，各种音乐随着乐器和舞蹈纷纷传入中国，其中，琵琶尤具代表性，用琵琶弹奏的乐曲旋律明快，具有富于变化的表现力，因而风靡中国。随着琵琶的普及，以琵琶定律，传统的五音阶向七音阶演变，八十四调旋转相交，把一首首曲子演奏得跌宕起伏、委婉动听，极大地改变了传统音乐。隋唐王朝统一中国、重新定律制乐之际，又有儒家士人提出音乐的教化功能，要求恢复儒家音乐传统。针对这一复古思潮，唐太宗反驳道，你们提到的靡靡之音，我都会，我现在演奏给你们听，看看你们会不会堕落。正因为唐太宗坚持艺术独立的立场，确立了唐朝兼收并蓄的多元文化国策，这才有了唐朝文化百花齐放的盛大局面。

唐朝音乐演奏普遍使用琵琶，从规模庞大的乐团到沦落江湖的艺人，都使用琵琶演奏乐曲。"大弦嘈嘈如急雨，小弦切切如私语。嘈嘈切切错杂弹，大珠小珠落玉盘"，浔阳江头的一首琵琶曲深深打动了当年的白居易，后者后来在日本家喻户晓，而琵琶也在日本广为流行，这才有了正仓院的诸多收藏。

正倉院 · 第四章 盛大的乐舞

图87-1

图87-2

图87-3

唐朝琵琶有五弦的吗?音乐史学家一直在艰难地追寻蛛丝马迹。中华人民共和国成立之后,考古事业蓬勃发展,在西安发掘的数以百计的古墓中,李寿墓道壁画中出现了让我们无比激动的画面,那是一组宫廷乐队的壁画,前排第二三位乐师演奏琵琶,第二位手中拿着的不正是半梨形音箱的五弦琵琶吗?擦擦眼睛,细数弦柱,确是五弦,专家学者们禁不住欢呼起来,踏破铁鞋无觅处,我们终于找到了正仓院那把世界唯一的五弦古琵琶的故乡!

正仓院这把琵琶正反两面均有精美的螺钿装饰,背面全部施以鸟蝶花卉云形及宝相花纹,花心叶心涂有红碧粉彩,描以金线,上覆琥珀、玳瑁等。正面有紫檀捍拨,用来保护弦拨之处。捍拨图案的上部有螺钿树木,下部是骑在骆驼背上的胡人,手执琵琶,边走边弹,曲声悠扬,引来飞鸟起舞、骆驼回首,不由得让人联想起当年正是这些往来于丝绸之路的胡人一串驼铃一路歌,把琵琶传入中国。

图87-1·螺钿紫檀五弦琵琶
图87-2·螺钿紫檀五弦琵琶(背面)
图87-3·螺钿紫檀五弦琵琶捍拨　　图88·西安李寿墓唐乐队壁画

然而，正仓院这把精美的螺钿五弦琵琶并非来自西域，其琴身螺钿使用的夜光贝产于南海，琥珀来自缅甸。以紫檀作捍拨，常见于唐朝琵琶，唐代诗人张籍《宫词》吟诵道："黄金捍拨紫檀槽，弦索初张调更高"，可以为证。能够将各国的珍宝融合在一把琵琶上，恐怕只有作为世界帝国的唐朝有此能力。

唐人喜好饱满圆正、体态丰满的女子，身着艳丽、五彩缤纷的衣裳，配上装饰考究的琵琶，那般情景堪比天仙，所以，正仓院留下的几把琵琶，每一把都精美绝伦。

螺钿紫檀琵琶是今日常见的四弦、圆形音箱的样式，属于中国秦代就已经出现的琵琶。传说"琵琶"二字在中国古代是模拟演奏手法的形声字，右手向前弹出称"琵"，向后弹进称"琶"。凡是用这两个手法抱在怀中弹奏的乐器，在早期都称为琵琶。汉代解忧公主曾经把琵琶带到西域，所以，当地称之为汉琵琶。正仓院的螺钿紫檀四弦琵琶用紫檀做槽，背面装饰螺钿玳瑁飞鸟花纹，上下配以佛教的迦陵频伽，又称作妙声鸟，造型构思，无比巧妙。紫檀彩绘制作的琵琶，曾经让唐朝诗人孟浩然赞美不已："浑成紫檀金屑文，作得琵琶声入云。"

魏晋玄学兴起，士人追求自然天性，抚琴于林间，竹林七贤中的阮咸，尤其擅长演奏琵琶，以致后来将四弦十四柱琵琶称为"阮咸"。有趣的是，正仓院也保存有桑木阮咸，拿来和今日的琵琶相比较，并不一致，可知古代阮咸在中国也已经失传了，故正仓院所存堪称稀

图89-1·螺钿紫檀琵琶（背面） 　 图89-2·螺钿紫檀琵琶槽

图89-1

图89-2

正仓院 · 第四章 盛大的乐舞

图90-1
图90-2

世遗珍。而且，正仓院所藏文书里，发现了《天平琵琶谱》一叶，文书上有年代记载，为天平十九年（747）七月二十七日，录散曲一首，宫谱纯为唐法。唐代琵琶、阮咸等乐器仅存于正仓院，曲谱又在此发现，所以，今日要研究隋唐燕乐调，就必须到日本正仓院。

正仓院南仓保存的一把桑木阮咸，捍拨用皮革制成，上绘山林间三位下围棋的隐士，意境飘逸。而且，在图的上方有两处小圆，已经变了颜色，难以识别。专家通过红外线技术，辨认出原图为月宫树下蟾蜍和玉兔图。六朝士人归隐山林，月下松间饮茗手谈，宛若羽化登仙。悠悠玄风，携绵绵清音，散入天际，飘向海东。

中国江南同日本的关系源远流长，日本从远古的捕捞生活过渡到农耕社会，就是因为江南水稻传入日本而引起巨大社会进步。此后，日本文化受到中国北方和南方两个方面的影响，在中国南北朝对峙期间，主要受到南方文化的影响，日本习惯把中国南方尤其是江南一带称作"吴"，用吴命名或者与吴有关的事物多得不胜枚举。中国南方的生活样式、思想文化、音乐舞蹈，无不深深地影响着日本。

我们在正仓院里看到一把金银平文琴，那是唐代的古琴，上面有"乙亥之年"的纪年，可知是735年，正值大唐开元盛世，也是日本圣武天皇执政的时代，这把古琴制成后就传入日本。盛唐时代的杰作，着实令人称赞。桐木琴身上漆，漆底上贴金银箔片制成的花纹，再上漆，待漆干后，用木炭仔细研磨，显露出纹饰，金银隐起，颇有立体感。这种技法称作平文技法，在中国很

图90-1·紫檀木画槽琵琶　　图90-2·紫檀木画槽琵琶捍拨

正倉院 · 第四章 盛大的乐舞

图91-1 · 螺钿紫檀阮咸（背面）　　图91-2 · 螺钿紫檀阮咸　　图92 · 桑木阮咸捍拨

图91-2

图92

正倉院 • 第四章 盛大的乐舞

图93-1
图93-2

早就出现了。琴两端，有金文鸾凤麒麟，其间缀饰银文云鸟花蝶，金银交相辉映，流光闪烁。琴正面上方装饰一方形图案，绿树花草丛中，跣足盘坐三位道士，中间的道士弹阮咸，左边的抚琴，右边的饮酒，其上云山缥缈，两位道童跨凤执幡，左右飞翔，阮琴合奏，引来孔雀开屏，百鸟云集，好一幅道家洞天福地的清幽世界图。此虽是唐代作品，却有着浓厚的南朝玄风。

让我们再回到前面提到的西安李寿墓唐乐队壁画，前排第一位吹的是吴竹笙，这种乐器也出现在正仓院的藏品里。管乐器中有笙和竽两种，形制相似，但竽有36根簧管，远远多于13簧管的笙，在战国时期，竽十分流行，以至于有滥竽充数的故事流传，脍炙人口。但是，魏晋隋唐时代，笙日益普遍，逐渐取代了竽。而在正仓院里，竽和笙并存，《国家珍宝帐》所记载的藏品有吴竹笙和吴竹竽，可知均属于江南管乐。

第三位女子演奏的是四弦琵琶，为西域式琵琶。与其形制相同的琵琶，正仓院也保存了一把，称作枫苏芳染螺钿槽琵琶，四弦四柱。捍拨螺钿上的骑象少年一人舞蹈于象背，一人胡服腰鼓，前方有二人吹横笛与尺八，描绘出欢快的乐舞场面。

乐队第四人演奏的是箜篌。箜篌为弦乐的一种，卧箜篌在中国很早就出现了，《史记》残缺的《汉武帝本纪》称，武帝命乐师制作箜篌。当然，也有人认为箜篌出现得还要早。但是，竖箜篌却是西域传来的乐器，它起源于美索不达米亚地区，在敦煌和西安古代壁画里，可以见到箜篌图画，其实物却早已失传。关于竖箜篌形制比较详细的记述，我们可以在宋人孟元老的笔记《东京梦华录》中找到：教坊乐部演出规模盛大，第一列拍板，第二列为琵琶50面，箜篌两座，"箜篌高三尺许，形如半边木梳，黑漆镂花金装画。下有台座，张二十五弦，一人跪而交手擘之"。然而，光从这些记载，我们无法正确恢复箜篌的原貌。幸运的是，正仓院保存了两座唐代箜篌，可惜因为年代久远而有破损，故一般不轻易展出。多年来，各方面的专家通过坚持不懈的研究，终

图94 · 吴竹竽

图94

正仓院 · 第四章 盛大的乐舞

图 95-1

图95-1·枫苏芳染螺钿槽琵琶（背面） 图95-2·枫苏芳染螺钿槽琵琶捍拨

于还原了筚篥面貌,而且,中日两国的音乐研究者和乐器师傅还根据正仓院南仓的筚篥,成功地仿制出唐代筚篥,在正仓院展览会上公开演奏,让来自世界各地的学者、普通观众大开眼界。

乐队的最后一位是琴师。

整个唐代乐队的乐器,完整出现在正仓院里,这恐怕不能说是巧合,而只能说正仓院保存了古代宫廷乐队的整套乐器。这套乐器如此完整,举世无双。实际上,因为是皇室乐队,所以,其规模尚在李寿墓所绘乐队之上,也比敦煌莫高窟112号窟描绘的唐代乐舞壁画的场面还要盛大,乐器也更加丰富多彩。

我们根据《国家珍宝帐》,对照正仓院藏品,在管乐器中还发现了甘竹箫、雕石横笛和雕石尺八等。尺八类似洞箫,但管身较洞箫短而粗,声音大于洞箫,相传为唐代音乐家吕才所制,因其管长一尺八寸而得名。

打击乐器有腰鼓、细腰鼓和方响。腰鼓为舞蹈乐器,自西域传来,在丝绸之路上留下许多痕迹,例如敦煌428号窟里就有细腰鼓画面。由此可知,日本古代乐舞的基础来自中国江南,却也融合进许多中国北方乃至中亚、印度乐舞的成分,具有相当程度的国际性。

弦乐器还有桐木筝、楸木瑟、七弦乐器、金镂新罗琴和桧木倭琴。光是琴就有唐代中国、新罗、日本等国样式,精华荟萃,丰富多样,而且,通过对这些琴的研究,可以再现唐琴在东亚各国的传播和本土化演变的历

图96 · 雕石横笛与刻雕尺八   图97 · 雕石尺八

图96

图97

程，在世界上，找不到第二个如此完整的古代乐器博物馆了。

随着美妙的音乐翩翩起舞，东大寺迎来大佛开眼的隆重仪式。在这个值得历史铭记的日子，从大陆迁徙到日本的移民纷纷登场，和宫廷雅乐寮及大安寺、药师寺、元兴寺、兴福寺的乐人一起表演了日本传统舞蹈和伎乐、唐古乐、唐中乐、唐女舞、高丽乐、高丽女乐、林邑乐、度罗乐等歌舞。中国和朝鲜的乐舞占据主要地位，而伎乐更是把仪式推向高潮。什么是伎乐呢？它是一种室外表演的假面舞剧。日本古代律令的注释书《令义解》解释道，"伎乐"又称作"吴乐，其腰鼓亦为吴乐之器也"。日本从南朝引进先进文化，历史悠久，伎乐也是从江南传来的。随着唐朝文化通过数以千计的遣唐使传入日本，伎乐也发生了很大的变化。

正仓院保存了大量伎乐道具，其中，伎乐的假面具多达171面，有治道面、师子面、师子儿面、力士面、金刚面、迦楼罗面、婆罗门面、醉胡王面、醉胡从面、吴公面、吴女面和昆仑面，民族纷繁，千姿百态，戴上这些面具，仿佛世界各国的乐工舞师从四面八方赶到日本，共同庆祝世界最大的铜佛诞生。

然而，这一场面其实是长安的缩影。当时，东亚世界唯独长安拥有如此众多的外国人。被唐人称作胡人的最多当属波斯人，醉胡王面具是其代表，其深目高鼻的形象和东亚人迥然不同，给人留下深刻的印象，至今仍深受日本人喜爱。热情的日本朋友告诉我，目前还有专门仿制醉胡王面具的工厂。听到这个消息，我特地赶到

图98 · 吴公面　　　　　　　　图99 · 吴女面

图98

图99

正仓院 · 第四章 盛大的乐舞

图100
图101

京都，在狭窄曲折的巷子里，找到了这家工厂。与其说是工厂，不如说是一间手工作坊，然而，仿制面具的师傅是那么认真，心无旁骛，一丝不苟，为了毫厘不差地进行复制，他还专门购置了激光测量仪器，并挑选上等木料，精雕细琢，一遍一遍地打底上漆，用整整一年的时间才仿造出一副醉胡王面具。像他这样不惜工本醉心于复原古代文物工艺的人，在机器生产快速消费的当代社会，几乎可以归入珍稀之列了。然而，他们毕竟还存在。在日本，我还见到后面将要介绍的制作漆壶瓶、前述鸟毛立女屏风和天寿国绣帐的专家师傅；在中国，我也见到了上海音乐学院以及上海民族乐器厂复制的五弦琵琶、箜篌等乐器。正是这样一批不计较个人功利得失的人，为人类守住了那一小片高雅别致的传统文化的家园。

昆仑面具也引起学者的好奇。在中国汉唐文献中，经常出现昆仑奴的记载，昆仑奴到底确指哪国人，学术界有不同说法。让我们感到意外的是，昆仑在日本也流传甚广，不但正仓院面具里有多面昆仑，而且，在千年古刹药师寺三尊像的基座，我们又见到了昆仑，他正使劲地扛起佛像。基座自上而下雕刻着波斯、印度和中国唐朝纹饰，反映出以佛教为代表的文化从中亚、印度向东方传播的过程。

伎乐既然源于江南，因此，出现吴公、吴女面具，本不足为奇。然而，吴女的形象还是深深地吸引了我们的目光，她的发髻样式，似曾相识。仔细回忆，终于想起了前面介绍过的敦煌17号洞窟的树下美女图来，何其相似！在此我们且不去追究到底是江南影响了中原，还是中原影响了江南，在唐代中国这座国际文化的熔炉中，世界各国的文化都在这里碰撞、融合而被赋予新的生命。文化没有国界，文化传播者同样没有民族的限制。《日本书纪》记载：推古天皇二十年（612），"百济人味摩之归化，曰：'学于吴得伎乐舞。'则安置樱井而集少年令习伎乐舞。"日本的伎乐，竟然是由百济人从中国江南传来。以唐代中国为代表的东方文明，就像是滚滚奔腾的长江，汇聚百川而波澜壮阔，雄伟壮丽。

SHOSOIN

第五章

五彩缤纷的世界

V

正仓院是古代艺术的宝库，是一个五彩缤纷的世界。

凝聚着中国艺术之美的产品，大量传往世界各地的，首先就是丝绸织锦，以至于我们把那条连接东西方的千年古道称为"丝绸之路"，甚至中国国名的西文名称，相传也是源于丝绸。丝绸之路并不都是通往西方，它也通往东方，穿过长江，越过海洋，来到日本。

中国的丝织品深受日本人的喜爱，早在日本列岛上的生活样式从捕捞经济跨入农耕时代时，丝绸就随着稻种传入日本。近年来，日本考古发现弥生时代的青铜剑上有丝绸包裹的残痕，经过专家的鉴定，发现是来自中国江南的丝织品。

从此以后，丝绸就源源不断地输入日本。那时候，日本还称作倭国，处在女王的祭政合一的时代，以处女身份行鬼道的女王卑弥呼在魏明帝景初二年，也就是238年，派遣使者向魏国称臣进贡，魏明帝龙颜大悦，下诏给予百倍的回馈。诏书记载："今以绛地交龙锦五匹、绛地绉粟罽十张、蒨绛五十匹、绀青五十匹，答汝所献贡直。又特赐汝绀地句文锦三匹、细班华罽五张、白绢五十匹……"从这份赐物目录可以看到，颁赐给倭女王的都是丝绸毛织的精品。这些物品虽然已经看不到了，但是，正仓院里保存的数量颇多的唐代丝绸绫锦，虽然年代晚了些，却全面地展现了丝绸织锦的绚丽多彩和织染技术的发展历程，保存了我国已经失传的技术，所以，正仓院也是古代丝绸织物的博物馆。

图102·象木臈缬屏风　　　图103·羊木臈缬屏风

图102

图103

圣武天皇生前喜爱的屏风,是织锦的精品。北仓保存的象木臈缬屏风和羊木臈缬屏风,两件屏风都以树下动物为主题,树木花草版型相同,所以属于同时制作的屏风。树下大象的四只脚,是在屏风完成后再加长补绘的,恐怕是没见过象的画师根据传闻作画,故后来补绘修正。羊木臈缬屏风的下方有"天平胜宝三年十月"的调绝墨书纪年,据此可以判定,这两件屏风是日本的仿制品。此屏风的构图和题材,属于波斯和唐朝风格,日本仿制的工艺水平也不低,褐色绝地,绿色树叶,树上点缀白猿,倍增情趣。

色彩斑斓的织锦,令人目不暇接,例如,代表唐代彩锦最高水平的有琵琶袋残片、方形天盖、赤地锦几褥、御袈裟箱袋,等等。

最为难得的,是我们可以通过这些织物,重现早已失传的古代织锦和印染技术。中国较早的织锦,例如汉代织锦,采用以经为主的织锦技术,以纵向的经线为基准,织出各种图案。

正仓院代表性的织物如锦袜,是用横向丝线,编织三色狮子纹。这类织物,在中国也有实物保存,如新疆阿斯塔那古墓出土的赤地连珠双凤兽纹锦。日本除了正仓院,在古老的法隆寺也保存了蜀江锦。

丝织技术以江南为盛,中国周边的民族和国家,无不渴望获得蚕桑丝织品。今日出产桑蚕的新疆,相传其蚕种也来自中原。和田丹丹乌里克古代遗址留下一幅养蚕西渐传说图,壁画描绘了和田王后到中原把蚕种偷偷藏在

图104 · 紫地花纹锦袜和狮啮纹长斑锦袜

图104

发冠中带回来，使得和田从此有了蚕桑丝织，成为美丽富饶之乡，她的事迹在新疆广泛流传。中国东北地区原来也没有蚕桑，鲜卑慕容氏在东北建立国家后，情况才有变化。《晋书·慕容宝载记》说："先是，辽川无桑，及（慕容）廆通于晋，求种江南，平州桑悉由吴来。"

东北的陆路和江南的海道，先后把蚕桑丝织技术传入朝鲜半岛和日本，日本古代有大量的中国移民，这些移民都同蚕桑丝织有关。最大的两个移民集团分别为秦氏和东汉氏，我们分别来看一看日本古代文献中有关他们系谱的记载。《新撰姓氏录》记载：

太秦公宿祢，出自秦始皇帝三世孙孝武王也。……誉田天皇（谥应神）十四年来，率廿七县百姓归化，献金银玉帛等物。大鹪鹩天皇（谥仁德）御世，以百廿七县秦氏，分置诸郡，即使养蚕织绢贡之。天皇诏曰："秦王所献丝绵绢帛，朕服用柔软，温暖如肌肤，仍赐姓波多。"

"波多"是"秦"在日语中的发音，有人说是丝绸的意思，也有人认为是机织，总之，都和丝织有关。而关于另一支移民东汉氏，《新撰姓氏录》记载其始迁祖为阿智王（阿知使主），"阿智（阿知）"的读音也是丝绸的意思，其部众有"锦部村主"。因此，早期迁徙到日本的移民，都曾经把蚕桑丝织技术传往日本。而且，他们的到来，进一步刺激了日本对丝织的渴求，所以又让阿知使主到江南去访求工匠。《日本书纪》记载："遣阿知使主、都加使主于吴，令求缝工女……吴王于是与工女兄媛、弟媛、吴织、穴织四妇女。"此后一百多年间，日本一直同晋、南朝交往，获得丝织工匠，大力发展蚕桑丝织技术。《日本书纪》记载："（雄略天皇）十四年春正月丙寅朔戊寅，身狭村主青等共吴国使，将吴所献手末才伎，汉织、吴织及衣缝兄媛、弟媛等，泊于住吉津。"

江南丝织工匠源源不断来到日本，奠定了日本蚕桑丝织业的基础，使得盛唐精美的丝织技术能够很快地在日本传播。正仓院出现许多日本造的精美织锦，也就不足为奇了。

唐朝的丝织技术有了很大的发展，从汉代的经织向纬织变化，横向纬线上织锦，更加复杂多变，图案更加绚丽多彩。正仓院留下的代表性丝织品有：白橡绫几褥、紫地锦几褥、绿地葡萄唐草纹锦半臂、天盖垂饰、锦道场幡、鸟兽连珠纹锦等。因为正仓院收藏品基本上属于唐代，所以丝织品绝大多数是纬锦。

用不同颜色的丝线，可以织出五彩缤纷的锦来，而使用印染技术，可以表现更加多彩的图案。中国古代的印染出现很早，形成各种各样的印染技术。在正仓院的各种织物中，可以看到臈缬、夹缬和绞缬三种印染制品。

臈缬是用蜜蜡在织物上描绘纹样，再浸入染料中，蜡脱落后，图案染成。这类染织品有绿地霞襷鱼鸟纹臈缬绝、赤紫臈缬绝几褥等。

夹缬是盛唐流行的一种染色工艺，用两块板镂同样图案花纹，夹帛印染，可以染二三重颜色，染好后解开夹板，图案花纹相对，左右匀整，色彩宜人。相传这种印染技术是唐玄宗嫔妃柳婕妤的妹妹发明的。但是，我们在隋炀帝时代，见到已经有"五色夹缬花罗裙"，可见这种印染技术的出现早于唐代，在唐代相当流行。天宝九载（750），安禄山到京城献俘，玄宗赏赐给他的物品中，有"夹缬罗顶额织成锦帘"。正仓院也有不少夹缬制品，例如绀夹缬绝几褥、骑鹿草木夹缬屏风、鸟木石夹缬屏风等。

正倉院 · 第五章 五彩缤纷的世界

图105

图105·白橡绫几褥　　图106·紫地锦几褥

图107·《最胜王经》帙　　图108·赤地锦幡垂端饰　　图109·绿绫袍

图108

图109

绞缬也是这个时期流行的印染技术，正仓院的藏品中有赤地胶纹绞缬绝、绀地目交纹绞缬绝等。

印染织品不限于丝织品，正仓院的毛织品也十分精美。北仓收藏的花毡，用染成各种颜色的毛料制成，是唐朝流行的花纹，毛毡表面凹凸，鲜艳而颇有立体感。另一块花毡，在花草中绘制一个少年，手执杆杖。我们在西安唐代打马球壁画中，可以看到相同的杆杖，可知是打马球的少年。

这些绚丽多彩的印染织品，使我们比较全面地了解了唐代丝织毛纺和印染的全貌。这些物品来自唐代中国、新罗和日本，有些可能还来自中亚，交织出一幅东西丝绸之路的画卷。

图110·夹缬罗半臂

图110

正倉院 · 第五章 五彩缤纷的世界

图111 · 绀地夹缬绝几褥

走出染织展厅，我们又进入另一个五彩缤纷的世界，跃入眼帘的是我们所熟悉的彩陶。

我们知道，日本是一个陶器发源颇早的国度，日本古代文明史的第一个阶段——绳纹文化时代，就是以绳纹陶器分期的。沿着日本陶器发展的道路，出现了土师器和须惠器，须惠器采用陶轮造型，窑烧呈黑灰色硬质陶器。正仓院收藏了11件须惠器，其中有三件是盛药材的容器，即治葛壶、芒消壶和戎盐壶。治葛壶口径17.6厘米，胴径39.4厘米，高31.3厘米，属于大型陶壶，用来盛草药"纸苹"，而戎盐壶则是用来盛做中药的盐。

和朴素的日本陶器相对，唐朝的三彩陶器色彩艳丽，是唐代陶器的典型，它同样深受日本人的喜爱，在正仓院里收藏有57件三彩器，数量之多，本身就很能说明问题。

唐代在陶胎上上彩釉，制作的器物上有人物、动物等图案，可以用作各种生活器物，也用作祭祀明器。唐三彩一经问世，就受到世界各国的欢迎，在通往中亚、西方的丝绸之路上，也有唐三彩向外输出，我们在埃及考古遗址里发现了唐三彩残片，证明唐三彩具有世界性的影响。因此，它大量出现在全盘吸收唐文化的日本，应该说是十分自然的。奈良时代具有代表性的官寺大安寺中，发现了许多唐三彩残片。然而，在日本称得上完整保存唐三彩的机构，当数正仓院。

正仓院南仓收藏的三彩磁钵，口径26.9厘米，高16厘米，厚0.6厘米，三种颜色具备，是一件比较精美的三彩陶器。这种三彩陶器其实只有5件，更多的是白釉和

图113·治葛壶

图113

绿釉相间的二彩陶器，例如南仓收藏的磁皿和磁瓶。而且，还有不少是单色的，以绿釉居多，有12件，如南仓的磁钵。黄釉和白釉陶器各有两三件，用两种颜色分开制作，层叠起来，底座则采用三彩，做成磁塔，别具一格，非常少见。这些三彩器怎么看都不像唐三彩，技术层面且不去涉及，光从上彩釉的方法来看，唐三彩的彩釉如自然流淌，舒展大方，而正仓院的彩釉则人工味道颇重，不太自然，着色手法生硬，色彩变化单调。实际上，正仓院现存三彩器，全部是日本的仿制品，称为奈良三彩，日本学界还把正仓院藏品称为正仓院三彩。虽然显得不成熟，但它从另一方面说明唐三彩受欢迎的程度，以至于日本想方设法要实现国产化。

和不太成熟的正仓院三彩相比，正仓院收藏的六件琉璃器却是那样精美，充满异国情调，引起人们对中亚艺术的遐想。

白琉璃碗，口径12厘米，高8.5厘米，淡褐色，外侧分布80个小圆凸纹，乍看却像是六角形。碗里盛水之后，由于光线折射，会呈现彩虹一般的景观。这种形状的琉璃碗在古代中亚颇为常见，从1世纪到4世纪的中东考古遗址中均有发现，伊朗北部吉兰省不但发掘出白琉璃碗，而且市面上也有这类碗的买卖。就目前的发现，白琉璃碗不下百个。古代中亚如此流行的碗，自然也成为神器。在叙利亚，可以看到手持这种碗造型的神像，这种碗似乎被用来喝葡萄酒。以后，这种碗传入中国，佛教的菩萨虽然不喝酒，但敦煌壁画上的菩萨也手持这种碗，只是它已经洋为中用，用来盛水。然而，在众多白琉璃碗中，依然保持琉璃性状、晶莹透明的只有正仓院的这只碗了，在这个意义上，它是独一无二的。

图114

图115

图116

白琉璃碗什么时候自中国传入日本的呢？确切的年代已经难得其详了。日本江户时代，也就是相当于中国的明末和清代的时期，一场洪水冲决了安闲天皇陵墓的一角，意外地发现了一只白琉璃碗，虽然它已经因为酸蚀而失去了昔日的光泽，但其形制同正仓院的藏品高度相似，可以视作同一作坊的产品，这只碗现在收藏于东京国立博物馆。根据这条线索，学者推测白琉璃碗在6世纪中叶已经传入日本。在日本新泽千冢也出土了一只相似的碗，看来输入日本的数量并不少。

不只是日本喜爱琉璃器，似乎东亚国家都很欢迎它。正仓院珍藏的一只绀色琉璃杯，口径8.6厘米，高11.2厘米，杯子外侧有22个圆环，洋溢着波斯情调。然而，杯脚却是银质镀金，雕镂龙纹，十分精致，显然属于唐朝风格。因此，这只杯子有可能产于波斯一带，传入唐朝后，被配上精美的杯脚，中西艺术融为一体，堪称合璧。经过唐朝加工的杯子传往海东，韩国著名的松林寺也在新罗时代的五重塔内发现了类似的琉璃杯，黄绿色，杯子外侧同样附三层12个圆环，形制稍有不同，但构思一致。在西安何家村遗址也出土了这类琉璃杯。这些琉璃杯的发现，勾勒出琉璃器东传的路线。

正仓院还藏有一只绿琉璃十二曲长杯，杯长22厘米，杯侧装饰兔子花纹，青翠油绿，富有流动感和情趣，不由得使人联想起曲水流觞。日本白鹤美术馆收藏的一只花鸟纹八曲长杯，就是唐朝制作的。对正仓院这只长杯进行成分分析后，发现它不同于来自中亚的琉璃，而属于含铅琉璃。因此，综合形状和材质分析，它很可能也是唐朝制作的琉璃器。

图117 · 白琉璃碗　　　图118 · 绀色琉璃杯

图117

图118

琉璃制品在日本特别受欢迎。正仓院留下的小琉璃制品总数多达万件，如琉璃珠子等，难以详细介绍，这里仅看看琉璃鱼。它们外形相似，颜色各异，其实是一种随身装饰品，不是什么人都可以佩戴的，是官员用来显示身份地位的饰物。官员根据不同官品，佩戴不同颜色和大小的鱼饰，这种官员服饰规定产生于中国，载于法令。中国律令在东亚国家被广泛采用，构成古代东亚的法律体系，琉璃鱼饰也随之遨游于东亚各国官场，好不得意。

对琉璃器的大量需求，使得日本不能不自己制造。流传至今的《造物所作物帐》详细记录了制造琉璃器所领取的原料，成为今日不可多得的古代琉璃器研究史料。

白琉璃瓶高27.2厘米，瓶腹直径14厘米，底座直径8厘米，瓶口像飞鸟的嘴，实际上，整个瓶子就是太阳鸟造型，线条流畅优美。太阳鸟崇拜存在于世界许多民族之中，中国的起源也很早。至于依据太阳鸟造型制作的琉璃瓶实物，可以在波斯早期器物中发现，而这种造型在唐朝也十分流行。我们在西安房陵公主墓道壁画中见到的提壶持杯侍女图，侍女手持的壶，与正仓院的琉璃瓶极为相似，侍女另一只手拿的是高脚酒杯，由此看来，这应是一只酒壶。在唐代，这种形状的壶叫作瓶，它自中亚传入，所以也称作胡瓶，既有用琉璃，也有用金属等各种材料制造的，宽城县博物馆就收藏了一只考古发现的银制胡瓶。这种胡瓶在日本深受欢迎，故各地多有留存，例如东京国立博物馆收藏的白磁凤首水瓶，法隆寺献纳的宝物龙首水瓶，以及法隆寺自身收藏的胡面水瓶，都十分精美，基本上都是唐代制品。

图119 · 绿琉璃十二曲长杯（底部） 　　图120 · 琉璃鱼

图119

图120

说到白琉璃瓶，我们就不能不提正仓院珍藏的另一件精品漆胡瓶，高41.3厘米，瓶腹径18.9厘米，用平脱技法在漆器上装饰山岳、花草、白云、蝴蝶、飞鸟、羊和鹿等图案，瓶口为凤首状，用细银链拴在把手上，弯曲的把手线条，轻灵飘逸，此瓶实属此类胡瓶之精品。近年来，正仓院事务所用X光对漆胡瓶进行研究，判明它是用很薄的木条一圈圈缠绕做成木胎，定型后上漆制成的。现在，日本漆器研究者用不同的技法仿制漆胡瓶，都获得成功，使得传统的器物在现代复活。

正仓院向我们展现了五彩缤纷的古代艺术世界，而对正仓院藏品的研究和复原，让我们能够深入到古代文明的内部，探索古代与现代文明的接合点，使东方文明放射出更加艳丽的光彩。

图121 · 白琉璃瓶　　图122 · 漆胡瓶

图121

图122

第六章

金精石英的艺术瑰宝

早期的艺术，诞生于人类的精神信仰和神灵崇拜，人类用最珍贵的东西，刻画最美好的图像，表现心中渴望的理想世界。在东方的中国，当金属被发现的时候，人们便将珍贵的青铜做成巨大的鼎，赋予它神圣色彩与政治上的象征意义。

青铜器是从中国传到海东的。当时，日本人刚刚学会种植水稻，就接触到金属，几乎在一夜之间，日本便一举跨入农耕、青铜和铁器时代，日本人用来之不易的铜铸造了铜铎和铜铎，这些器物之大，显然超越了实用的范围，成为祭祀的器物。而其祭祀又与国家形成时期对权力的渴求相结合，具有特殊的政治象征意义。由此可知，日本的金属文明从一开始就与宗教和政治紧密相连。

随着铜铎和铜铎逐渐退场，铜镜成为主角。从日本各地考古遗址发现了大量的铜镜，这些铜镜从产地来说，可以分为中国镜和日本仿制镜两大类。日本铜镜的源头在中国，在中国的官方文献里，最初见到赏赐给日本国王铜镜，是《三国志》曹魏景初二年的记载，而许多学者认为应该是景初三年，也就是239年。倭国女王卑弥呼派遣使者大夫难升米前来朝贡，魏明帝为了显示大国的强盛，赏给倭国大量珍贵的锦绫器物，其中有"铜镜百枚"。日本各地考古发掘出土的铜镜，无论是中国镜，还是日本仿制镜，都远远超过百枚，数量之多，让人吃惊。为什么会有这么多铜镜保存下来呢？

为了解开这个千年谜团，一代又一代的日本学者进行了不懈的研究，著名考古学家小林行雄教授等人认为，从古铜镜广泛分布于日本各地豪族墓葬分析，铜镜是作为王权的象征，用以确立政治地位的。也就是倭王接受中国皇帝的册封，以获得印绶和铜镜作为证明。倭王朝再自己仿制铜镜，按照不同的身份等级，将中国镜或者仿制镜颁赐给各地豪族，以确立政治统属关系。由此看来，大量的铜镜首先不是出于生活的需要或者艺术的爱好，而是政治权力的象征。难怪象征日本天皇的所谓三种神器，就是由剑、曲玉和镜组成的。镜作为政治祭祀的神器，其来有自。中国自古就把镜子作为政治善恶的鉴照，唐太宗虚心纳谏，以人为镜，成为清明政治的典范，垂则内外，所以，后代官厅无不高高挂着"明镜高悬"的匾额。

正仓院当然收藏了许多铜镜，根据镜背纹饰，有平螺钿镜、山川动物镜、八卦镜、七宝镜、漫背镜和文字镜等，根据镜子的形制，最多的是圆镜和八角镜，此外还有十二棱镜、方镜和六角镜，流传至今的计有56面。

海兽葡萄镜是唐朝前期新兴的铜镜，流行的年代虽然不长，但流传的范围相当广泛。因此，大规模输入唐朝文化的日本拥有这类镜子，应该是顺理成章的事情，不但在正仓院有收藏，而且，在1972年发现的高松冢古坟里，也发现了海兽葡萄镜。高松冢古坟在我国颇为出名，因为墓中壁画和随葬品与唐朝高度相似，让考古学家兴奋的是高松冢古坟出土的这面海兽葡萄镜，经中国社会科学院考古研究所鉴定，判定它和西安东郊唐朝武则天时代朝议大夫独孤思贞墓出土的镜子，在形制和纹饰方面完全一致，是同一个镜范制造出来的镜子，这雄辩地证明日本的海兽葡萄镜是从唐朝输入的。从时间上推算，这面镜子很可能是日本文武天皇大宝元年，也就是701年派遣的第七批遣唐使带回日本的。这次遣唐使团的大使粟田真人，是日本贵族中有名的儒雅之士，熟读中国经史，写得一手汉文词章。使团到唐朝时，正值女皇武则天当政，时隔30多年重来朝贡的日本使团，让武则天十分高兴，特地在大明宫设宴，隆重招待，而粟田真人也以其风度谈吐，博得唐朝士大夫好评，为日本赢得了声誉。粟田真人带来了数百人的随行人员，在唐朝大量收集文化艺术品，唐朝流行的海兽葡萄镜自然不会遗漏。

同范镜的例子相当罕见，跨国的同范镜更加珍贵，说明当时中日两国交流之密切。我们在中日两国还能找到其他同范镜。正仓院收藏的海兽葡萄镜，让人们联想起日本千叶县香取神宫珍藏的另一面镜子，两相对照，可以确认属于同范镜。如此巧合，可以说明一个问题，日本贵族社会十分喜爱唐朝的海兽葡萄镜，因此从唐朝成批输入，到日本后重新分配。海兽葡萄镜确实精美，而且象征吉祥，葡萄象征硕果累累，飞鸟象征吉祥，它一般为圆形镜，但是，我们在正仓院还发现一枚方形的海兽葡萄镜，十分独特。镜中央为狮子纽，周围有六只狮子环绕，外周配以飞鸟、蝴蝶，由长满葡萄的藤蔓连接，这是正仓院保存状态最好的镜子，镜面银光闪闪，明亮照人。

北仓收藏的盘龙背八角镜，中央龟纽，左右盘龙，于上方空中相会，下方为神山，飞龙在天，完全是中国的艺术形式。

南仓收藏的黄金琉璃钿背十二棱镜，世人称之为七宝镜，七宝是在金属表面上釉烧制的技法。这面镜子不同于一般镜子以白铜为原料，而采用白银，镜背用贴金银片装饰镜缘，用金银线条勾勒出花瓣，大小花瓣各六枚，层层相叠，中央以花芯为镜纽，花瓣上褐、淡绿和深绿三种颜色的彩釉，色彩鲜艳，极为华美，充分表现出唐人喜爱艳丽饱满色彩的审美取向。当今世上，唐代七宝镜仅此一面，弥足珍贵。

图123 · 海兽葡萄背方镜　　图124 · 盘龙背八角镜

图123

图124

正仓院收藏的镜子中，有九面螺钿镜，把南海出产的夜光贝，东南亚出产的琥珀，特别是缅甸出产的红琥珀，以及中东出产的宝石、来自阿富汗的蓝宝石，巧妙地组合在一起，构成五彩缤纷的图案。图中有吉祥的衔枝飞鸟，象征爱情的鸳鸯，还有中国特有的青龙、白虎、朱雀、玄武四兽。能够用这么多国家的珍宝来构成中国图案，显然只有唐朝才能做到。绚丽多彩的唐镜深受东亚各国的喜爱，广为传播。

在古代东方，镜子具有神秘色彩和宗教意义。正仓院北仓收藏的漆背金银平脱八角镜是另一种风格的镜子，在漆背上贴金银箔片，构成凤凰、仙鹤、蝴蝶和花草图案，象征着吉祥、美好的世界。而这个世界同神仙思想、净土信仰不无关系。金银山水八卦背八角镜，镜背中央是波涛托起云雾缭绕的蓬莱仙山海岛，那不正是中国山东沿海地区自古向往的神仙世界吗？在中国，铜镜具有神秘色彩，还是咒术的工具，东晋道家葛洪《抱朴子》称，用明镜自照，可以知凶吉，七日则可见神仙。正仓院有多面具有宗教意义的铜镜，除了上面介绍的这面外，还有十二支八卦背圆镜等，无疑都受到中国的影响。日本古代尊崇佛教，因此，铜镜自然用于佛教的殿堂，高大的佛像，法冠上明镜闪亮；佛坛正面，铜镜相连，光鉴古今，著名的东大寺法华堂天盖，镶嵌着47面镜子，佛光耀明，邪魔无处藏身。

对飘逸优雅的宗教世界的向往，在魏晋南朝达到高潮，由此形成的艺术风格，深远地影响着中国艺术的发展，也在东亚各国广受欢迎。正仓院北仓珍藏的银熏炉，银质球形，镂空雕刻花草，其间有雄狮跃起，凤凰飞舞，

图125·黄金琉璃钿背十二棱镜　　图126·漆背金银平脱八角镜

图125

图126

正倉院 · 第六章 金精石英的艺术瑰宝

图127
图128

银球自中间打开，内部为一铁制香炉，三重银轮，各有转轴，故银熏炉任意回转，内部的香炉始终处于水平位置，不致倾覆。这样巧妙的构思，源于中国古代随身佩戴于腰间的小香囊，虽行走跃动，都无妨碍。1970年，中国考古工作者在西安何家村发掘唐代遗址，出土了镂空葡萄花鸟纹银香囊，与日本正仓院的银熏炉相似。1981年，考古工作者在新发现的法门寺地宫里再次找到了唐朝的鎏金双蛾纹银香囊，囊身和囊盖各做半球状，上下对称，通体镂空，内有一个钵状香盂和两个平衡环，当香囊球体滚动时，内、外平衡环也随之转动，以保持香盂重心始终不变，保持平衡，其构造原理同正仓院银熏炉相同。正仓院的银熏炉属于唐代制品。

魏晋玄学兴起，焚香饮茗，挥麈谈玄，成为风尚。士人傅粉打扮，佩戴香炉，竞作风流。曹魏时，宫中御物有纯金香炉，为皇帝自用，皇太子则用纯银香炉，而嫔妃贵人则用铜香炉，可知银香炉十分珍贵。贵族名士常随身携带香炉，起居讲论，香烟缭绕，飘然欲仙，南朝梁昭明太子作赋称："禀至精之纯质，产灵岳之幽深……有薰带而岩隐，亦霓裳而升仙。荧荧内曜，芬芬外扬，似庆云之呈色，若景星之舒光。"小小香炉，原是神仙世界的缩影。

在神山仙界纵马逐鹿，把古人对升仙的憧憬与现实中草原民族尚武的精神融为一体，便是眼前这只银壶（图131），它是正仓院中最大的银壶，口径42.2厘米，腹径61.9厘米，高49.4厘米，重达30公斤。这只银壶是日本天平神护三年，也就是767年，称德天皇行幸东大寺时捐赠供养大佛的。银壶外周雕刻着骑士策马飞奔追逐

正仓院 · 第六章 金精石英的艺术瑰宝

图129
图130

鹿、羊、猪的狩猎场面，引弓满月，转身回射的矫捷身姿，我们在正仓院的毛毡上见到过，而且，在唐朝的壁画里也屡屡见到，难怪那般眼熟。从北方的草原，沿着丝绸之路西去，在中亚各国，都可以看到骑射的画面，画面具有浓郁的北方风格。而正仓院藏品图案最大的变化，就在于引入了中国的山水意境，从而显得刚柔兼济，更具有诗情画意。

正仓院藏品中出现的动物图案丰富多彩，除了中国人想象的龙、凤凰之类的动物外，还有许多现实世界中的动物，来自当时唐朝所能到达之地，不少还是中国所没有的，例如正仓院南仓收藏的金银花盘，是三脚银盘，直径61.5厘米，高13.2厘米，盘中央从背面打出一匹鹿，盘周有一圈花纹，外缘垂挂宝石和金属饰物，十分精美。中央的鹿头上的一对长角犹如花朵，鹿还长着山羊一般的胡子，这是中亚常见的花鹿图案。那么这件银盘是不是中亚地区制造的呢？

1984年，河北省宽城县大野峪村的考古发现，为我们解开了这个谜。从出土物品中，我们惊奇地发现，有一件同正仓院金银花盘如出一辙的芝鹿纹银盘，从图案到装饰手法，极为相似。显然，正仓院的这件金银花盘来自中国唐朝。

当然，日本地理位置的特殊性，也决定了正仓院藏品还包括不少其他国家的珍贵器物。正仓院南仓收藏着一批佐波理餐具，佐波理指的是一种合金，它的成分为铜80%，锡20%，硬度不高，因此比较容易加工。正仓院藏有700余件佐波理餐具。佐波理加盘是有盖的容器，形

正仓院 · 第六章 金精石英的艺术瑰宝

图131-1 · 银壶　　　　图131-2 · 银壶雕画（局部）

图132-1

图133

图132-2

图132-1·金银花盘　　　图132-2·金银花盘（局部）　　　图133·宽城花鹿纹银盘

状与中国的碗无异，由大到小，一个套一个，八只一套。还有成捆的食匙，多达346只。这些佐波理餐具，厚度一致，显示出相当高的加工技术水平。在东亚国家里，大量使用金属餐具，让人很容易就想起韩国来，直到今日，在韩国用餐，使用的几乎都是金属餐具。难道这些餐具也都来自朝鲜？幸运的是，佐波理餐具留存甚多，有些根本就没有打开运输时的包装，专家们在研究它们的时候，出乎意料地发现用作包装纸的竟是古代新罗村落文书，不但证明它们是朝鲜制品，而且还可以确认其年代，而新罗古代村落文书还是研究新罗古代历史的珍贵史料。获得如此丰富的研究资料，实在让历史学家喜出望外。

佐波理器的形制，可以看出受中亚的影响。正仓院南仓收藏的佐波理水瓶，大腹长颈，颇有波斯器物的风格。韩国考古学家从庆州的著名新罗遗址雁鸭池打捞出大量古代器物，其中就有和正仓院藏品十分相似的佐波理器具。显而易见，正仓院的佐波理餐具应是新罗到日本的使者带去的，这又给复杂多变的日本与新罗关系史研究增添了许多珍贵的实物证据，也充分表现出正仓院藏品所具有的高度国际性。

图134 · 佐波理加盘　　　图135 · 佐波理水瓶

图134

图135

第七章

丰富多彩的节日

日本是一个海岛国家，岛上最初的居民主要依靠捕鱼拾贝的渔捞方式生活，日本各地遗存的上古贝冢，成为这段历史的见证。两千多年前，日本社会发生了第一次翻天覆地的变化，为数众多的大陆移民携带水稻来到这里，同时也把中国先进的铜器、铁器传了进来，使得这个依靠捕捞为生的社会一举实现从石器时代到青铜器时代乃至铁器时代的跨越式发展，由采集经济飞速进入农耕经济，这一切竟都在转瞬之间实现，美梦成真。

复杂的农耕生产，需要天地岁时等自然环境的配合，或者说需要比较全面地掌握大自然的活动规律，才能成功地转变为农业社会，因此，高度凝聚了人类对于天象岁时认识的中国历法，自然而然地传入日本。

农业历法同时也是农业社会文明的结晶，规范着人们的农业生产和生活方式，就后者而言，适应于农业社会各种信仰、宗教仪式、伦理道德和物质生产的活动，与四季昼夜的变化相伴随，构成了中国农业社会特定的节日。它们被记载在历法上，并随着历法的传播而把中国的生活与生产样式带到各地。因此，日本的古代节日同中国高度相似，就不足为奇了。

那么，就让我们从新年初升的太阳开始，根据正仓院保存的实物，看看日本丰富多彩的节日活动。

一年之计在于春，作为国家的最高统治者，必须鼓励百姓珍惜春天，努力耕作，确保岁饶年丰，所以，中国的皇帝在正月初，要举行隆重的劝农仪式，皇帝藉田，皇后亲蚕。皇帝率领百官，亲执耒耜，在田上三推，作为每年的示范性耕作，为天下先。唐朝开国以来，唐太宗、高宗、武则天、睿宗、玄宗等皇帝，都举行过藉田仪式，并规定于礼典之中，使之成为国家重要祭祀活动。日本社会成为农业社会之后，对农业生产也十分重视,特别在全面采纳唐朝律令制度的奈良时代,藉田和亲蚕自然也都成为重要的仪式。正仓院收藏着两把"子日手辛锄"。日本根据唐朝的规定,在正月的第一个子日举行藉田仪式,所以称"子日锄"。正仓院收藏目录记载,与之配套的还有"绿纱几覆"和"绿绔带",可知这是藉田仪式用的农具。它们的手柄用木头制成,上下两段,下端向前弯曲,前端插入铁制犁头,犁头上有金银泥描绘的花鸟蝴蝶图案。

中国的农业社会是以家庭农副业生产结合在一起的"男耕女织"为基础的,因此,和皇帝藉田相对应的,是皇后的亲蚕仪式,这一天要打扫养蚕的蚕室,这当然也是一种仪礼。正仓院同样收藏着两把"子日目利帚",其做工相当精细,其中一把用染成紫色的皮革包裹把手,以金线捆扎;另一把则用琉璃玉扎圈。"子日目利帚"与前面介绍的"子日手辛锄"恰好相配,成对地保存了藉田和亲蚕仪式的实物,确实让历史学家开了眼界。

正月是一年的开始,多少美好的祝愿,都通过各种节日仪式来表达。初七是人日,古人视之为关系一个人安危祸福的重要日子,可以根据这一天的阴晴来占卜当年人的吉凶。这一天由此演变成为正月里一个重要的节日,也称作人胜节、人节、人生日、七元节等。每逢这一天,人们无不盼望天气清明,以举行庆祝、祭祀等活动,祈求平安幸福。南北朝时代,人们在这天用七种菜做羹,用彩布剪成人形,制作各种人胜互相馈赠,祈福避灾,亲友相携登高宴饮赋诗。这些风俗虽然流传下来了,但是,我们却难以见到古代的实物。历史学家在日本齐衡三年(856)年六月的《杂财物实录》里,找到"人生(胜)二枚,一枚在金薄字十六,一枚押彩绘女形等边缘在金薄裁物"的记载,自然想到了正仓院。果然,这两件"人胜"都保存着,只是在日本明治时代,它们已经破损为两枚九片,经过专家的修补复原,我们重新见到了色彩鲜艳的古代人胜。它红底金边，中间有可爱的小女孩彩绘，绫罗格子内有16字祈求吉祥的佳句："令节佳辰，福庆惟新，燮和万载，寿保千春。"人胜节到中国的明清时代衰落了，今日我们虽然经常在隋唐文集里读到描写人日的诗篇，却难知其详，正仓院的这两件人胜，让我们得以领略古代的风俗民情，极为可贵。

二月初二，是中国的春龙节，民谚称："二月二，龙抬头。"此日，民间焚香祭龙，祈祷风调雨顺，以利春播。关于这个节日的庆祝活动，今天文献保留下来的几乎都是明清时代的习俗，追溯到唐代，我们只能在有关唐代职官规定里找到这一天中尚署必须向宫中进献镂牙尺的记载。也就是说，对于唐代春龙节的活动内容，我们已经难知其详，实际上，中尚署进献给宫中的尺，现在也见不到了。但是，由于日本全盘移植中国唐朝的制度，所以，我们有幸在正仓院里找到19把尺子，给古代度量衡制度的研究提供了珍贵的实物证据，具有极为重要的学术价值。这19把尺子，保存皇宫物品的北仓有4把，南仓也有4把，可以断定它们是仪式用的尺子，也就是唐代中尚署所规定的二月二向宫中进献的尺子，日本或许也实行了这一制度。北仓保存红牙拨镂尺两把，绿牙拨镂尺两把。所谓"拨镂"，是将象牙染成红、绀、紫、茶、黄等颜色，再镂刻花鸟动物等花纹，镂刻处呈象牙原色，也可以再染色，正仓院拨镂尺即是用黄、绿色点彩。拨镂是唐代十分流行的技法，也传入日本。

这几把拨镂尺，长度在29.6厘米到30.7厘米之间，中国唐朝日常生活中使用的大尺为29.6厘米，奈良时代采行唐朝大尺，故正仓院拨镂尺略大于唐尺，同样也就略大于当时的日本尺。

图136・子日手辛锄   图137・子日目利箒

图136

图137

图138 · 人胜残件

这几把拨镂尺虽然有红牙和绿牙之分，但它们的花纹却大同小异，正面每寸一方格，隔一格分别雕刻鸳鸯、飞鸟、鹿等动物，相间的方格雕刻花草，使得刻度醒目。背面则整体雕刻花鸟动物世界，不加区隔。这些图案象征着吉祥，看来春龙节的活动，唐代与明清大不相同。

五月五日端午节是中国重要的节日，它的起源有许多说法，秦汉以后多以为是为了纪念伟大爱国诗人屈原，这应该是后来赋予的意义，其起源仍应和农历气象有关，这些考证工作，我们且留给专家学者去研究。五月正值炎炎夏季，容易患病，而且容易传染，所以，古人把五月五日视为"恶月""恶日"，人人佩艾戴符，饮雄黄、菖蒲酒以避邪毒。为了躲避厄运，古人还在这天系五色续命丝，民间传说这样可以延续生命。这种风俗很早就出现了，我们在汉代应劭撰写的《风俗通义》中可以见到有关记载。用长索续命避邪，"名长命缕，一名续命缕，一名辟兵缯，一名五色缕，一名朱索，辟兵及鬼，命人不病温"。端午节举行活动，为度过盛夏做准备，是符合自然规律的。所以，这个具有浓厚中国文化色彩的节日，经过日本的过滤之后，也被吸取并流传开来。在正仓院里，可以看到缥缕，显然是在节日里使用的。而且，我们还找到与此相配套的百索缕轴，全长33厘米，直径6.2厘米，中腹鼓起，用来卷缥缕，与端午节的风俗相符合。

端午节饮雄黄、菖蒲酒，以祛除毒气，特别是雄黄可以驱除蛇精妖怪。这种风俗，在水网丘陵遍布的中国南方特别流行。日本的地理环境，与中国南方相近，所以，南方的风俗很容易在日本得到响应而广泛流传。说到这

图139·绿牙拨镂和红牙拨镂（正面、背面）

图139

正倉院 · 第七章 丰富多彩的节日

图140

图141

图142

里，我们就不能不提起中日文化交流史上一位杰出的僧人——鉴真。

这位唐朝扬州的高僧六渡扶桑，在日本光大佛法，而且，他还多才多艺，把唐朝的医药传给日本，他带去的许多药材，至今仍保存在正仓院里。当然，正仓院也藏有日本遣唐使带回的药材。这些贵重的药材，主要为皇室和贵族所享用。圣武天皇病逝之后，光明皇后把天皇生前使用的药材，捐献给了正仓院，同时用三张白麻纸逐一记录下药名及其数量，这份药材目录称作《种种药帐》。根据这份目录，我们了解到这批药材共有60多种，是奉献给卢舍那佛的。但也规定，如果有患者有需求，经寺院负责人同意之后，亦可以使用这批药材。然而，如此珍贵的皇室药物，恐怕服用的人不多，所以一直保存至今。

在正仓院保存的药材中，我们看到了雄黄，这种具有祛毒避邪功能的特殊药材，让人自然而然地想起了端午节。《种种药帐》里，我们还见到许多贵重的药材，例如麝香、犀角、桂心、竹节人参、芫花、五色龙齿和膍蜜等，这些药材产自中国各地，分布范围甚广，有些恐怕来自西域与东南亚。还有一些常用的中药材，如甘草、大黄、厚朴、远志等。根据正仓院保管的记录，像有滋补功效的人参和有清凉消肿功用的芫花，入库以后用去了不少。而且，从这些药材的搭配来看，唐代的中医比较全面地在日本流传，成为日本古代医学的基础。

说到端午节驱邪，自然会联想到展现力量的方面。在正仓院里，与此相关的藏品并不少见，其中最典型的当属日本刀，当年的藏品目录《国家珍宝帐》记载入藏的武器有御大刀100口、御弓100张等。但是，天平宝字八年（764）九月，日本发生了贵族藤原惠美押胜的叛乱，京城震动，临时征调军队平叛，正仓院的武器也被调用，似乎没有交还，所以，今天正仓院收藏的武器数量，比当年藏品目录的记载少了许多。显然，这批武器有相当部分属于实用兵器，正仓院中仓现存的黑作大刀，长86.8厘米，手把长15.6厘米，刀鞘长70.3厘米，没有什么装饰，刀鞘使用黑漆，显然就是这类实用兵器的代表。

另一类刀装饰华美，凸显仪礼的意义。典型的有正仓院北仓收藏的金银钿庄唐大刀和吴竹鞘御杖刀。金银钿庄唐大刀长98厘米，鞘长80厘米，刀把长18厘米，为双刃刀，鲛皮刀鞘，刀鞘漆层上用漆胶勾画出动物、花草图案，再描上金粉，图案完成后重新上漆，然后细心研磨，显露出金色图案。这种精工细作的技法也是从唐朝传入日本的，在日本平安时代非常流行，称作"末金镂"技法。把头和刀鞘的三处铛用银制成，表面贴金，雕刻花草纹样，镶嵌水晶玉和碧绿琉璃。这种装饰考究的刀，与唐朝仪式上佩带的刀无异，所以称为"唐大刀"。另一把吴竹鞘御杖刀，刀身上镌刻七星，描成金色。在正仓院收藏的青斑石鳖合子以及高松冢古坟，都发现有北斗七星图案，此种图案多见于唐朝刀，故此刀的制作显然受到唐朝的影响。

日本人的性格是认真的，对技术精益求精。魏晋时代，中国给日本的赏赐品目录中常常可以见到刀，百济也向日本输出刀具。然而，到唐代，日本技术进步很快，金属冶炼锻打出来的刀，水平相当高，所以能够一直保存到今天，还闪闪发光。时代越往后推移，日本刀的名气

图143·金银钿庄唐大刀　　图144·吴竹鞘御杖刀刀身

图143

图144

就越大，到了宋代，日本刀成为向中国出口的大宗，给宋人留下深刻印象，著名诗人欧阳修还特地写了一首《日本刀歌》，大加赞美：

> 昆夷道远不复通，世传切玉谁能穷？
> 宝刀近出日本国，越贾得之沧海东。
> 鱼皮装贴香木鞘，黄白间杂鍮与铜。
> 百金传入好事手，佩服可以禳妖凶。
> ……

日本人的性格也是内向而细腻的，喜欢浪漫爱情故事，所以，中国七夕的牛郎织女爱情故事也在日本流传，并且被改换成日本人自己的爱情故事，甚至同富士山相联系来增添神圣色彩，七夕自然也就成为日本的节日。

在中国，人们一边在七夕晚上看着织女和牛郎在天上鹊桥相会，一边要穿针、曝衣。晋代葛洪所写的《西京杂记》就记载道："汉彩女常以七月七日穿七孔针于开襟楼，俱以习之。"南朝齐武帝时甚至建立"穿针楼"，沿袭到唐代，称为"乞巧楼"。在日本，且不论七夕节的故事发生什么变化，穿针、供瓜果、祭星星的习俗都被很好地传承沿袭着。在正仓院南仓，陈列着银、铜和铁针共七根，长度从19.5厘米到34.9厘米不等。而且，还保存着穿针用的线。女孩子通过穿针，期望自己能够心灵手巧有如织女，手上一针一线，心中默默祈愿，寄托着对美好生活的无限向往。

就这样，通过一年四季的丰富多彩的节日，中国和日本乃至整个东亚用同样的文化纽带紧紧地联系在一起，构筑起东方文明巨大而厚实的舞台，谱写了最绚丽多彩的乐章，直到今天，它们仍在世界人民的耳边回响。

正仓院是古代东方文明灿烂辉煌的历史见证。

第八章

龙飞凤舞的历史画卷

构成东方文明的基本要素是汉字及其承载的文化思想。两者紧密相连，汉字的每一次变化，都是社会制度和思想文化巨变的历史记录。当中国由古代封建制走向中央集权的郡县制的时候，秦朝颁布了统一文字的法令，其后篆书演变为隶书。在东汉末年儒家"天人合一"的统治意识形态大崩溃，追求个性解放的思潮汹涌澎湃之际，汉字也发生了由隶书向楷书的演变，对汉字艺术的追求，促成各种书体纷纷涌现，行书、草书在笔走龙蛇的酣畅飞舞中，展示了个性的张扬。

在这巨大变化的时代，引领风骚的人物应运而生。东晋的王羲之、王献之父子，把古代书法艺术推到极致，无论是楷书、行书还是草书，都成为后世楷模，影响至今。王羲之父子的书法，受到空前欢迎，皇室贵族，重金购求。唐太宗痴迷王羲之书法，千方百计获得王羲之的《兰亭序》真迹，日夕临摹观赏，相传死后还把它带入寝陵，生死相伴，成为今日所知王羲之这一著名书法作品真迹的唯一线索。然而，只要以高山为陵的唐太宗墓没有被发掘，其真伪就无从确认。

由于历代对王羲之书法的渴求以及不断的兵燹战乱，王羲之真迹早已成为绝响。时代越是向后推移，王羲之父子的法帖越是珍贵，即使是名家临摹的书帖都成为稀世珍宝。2003年，上海博物馆以450万美元的重金，从海外购回北宋《淳化阁帖》第四、六、七、八卷，其中六、七、八卷为宋代摹刻的王羲之书帖。上海博物馆特地举办了《淳化阁帖》及王羲之书法展览，国内外专家学者和各地观众潮水般涌来，天天排长队，盛况空前，可见人们对王羲之书法千年追寻的热情，历久弥炽。而《淳化阁帖》还只是王羲之逝世六百多年后的书帖，不是真迹。

除了中国，真的就没有更早的王羲之书帖的线索吗？我们知道，书法在唐朝是一个有文化的人必须具备的基本修养，唐朝的文化风气熏陶海东各国至深，新罗、日本到唐代中国的众多使者旅人，都致力于索求中国墨宝，不惜重金，他们难道不会想方设法求购成为书法之尊的王羲之书帖吗？幸好日本有珍重文化的传统，从中国传入的只字片纸，都珍惜收藏，大多保存至今。而且，从中国带回的物品，他们都制作了完整的目录。我们一页一页仔细翻阅这些目录，希望能够找到线索。虽然找到许多当时的珍贵书籍文物，但是，找寻王羲之书法的努力落空了。看来，日本遣唐使者似乎还不具有得到王羲之书帖的身份和能耐。

于是，我们把眼光投向日本地位最高的皇帝库房，遗憾的是，我们还是没能找到实物。然而，在正仓院收藏目录里面，我们看到钤满"天皇御玺"的《天平宝字二年六月一日献物帐》，确有一个专门记载王羲之书帖的捐赠目录，根据敕令，向东大寺进献"大小王真迹书一卷"。显然，所谓的"大王"就是王羲之，"小王"就是王献之。看到这件献物帐，我们难掩心中的狂喜，因为它打开了另外一条找寻王羲之乃至中国古代文明的域外道路。每一次学术研究的进步，都得益于社会的变革和新史料的发现。就后者而言，20世纪敦煌吐鲁番文书的发现，引发了国际"敦煌学"研究的热潮。其实，就文献价值来说，日本保存的中国古代文物史料，可能远远高于敦煌吐鲁番文书，可惜除了个别学者外，我们还没能展开整体的研究。但是，这一天已经到来了。

根据献物帐的注，我们获悉，王羲之书帖写在黄半纸面上，共九行，七十七字。其背面是王献之书，有十行，九十九字。据此描述，我们很难断定这是一件王羲之父子的"真迹"。但是，它至少是唐代乃至更早的临摹品。在唐代，王羲之书帖早已是一帖难求，唐太宗作为皇帝好不容易找到一件，还要带进自己的坟墓。所以，这个时期的名家临摹品也早已属于国宝了，传到日本，当然让日本朝廷上下喜出望外，也成为圣武天皇朝夕临摹观赏的墨宝，直到他死后，光明皇后才将此国宝捐献给东大寺，申明是献给卢舍那大佛，希望能与圣武天皇在冥途相伴。

这件宝物是如何传入日本的，今日已经难得其详了。在中国唐朝到日本的人士中，当数鉴真的文化层次最高，从今日保存的鉴真书帖可以看出，他也是一个书法高手，颇得王羲之神韵，无疑是王羲之书法的爱好者。所以，很可能"大小王真迹"是由鉴真传给日本的。

遗憾的是，所谓"大小王真迹"被借出后，再没有回归库房，下落不明。2006年春天，上海博物馆和日本东京国立博物馆、朝日新闻社共同举办了"中日古代书法珍品展"，首次展出了被日本定为国宝的王羲之《丧乱帖》和《孔侍中帖》，两件法帖上都钤有日本桓武天皇（737—806，781-806年在位）的朱文印记"延历敕定"。"延历"是桓武天皇的年号，而桓武天皇又曾经从正仓院借阅过王羲之真迹，莫非是正仓院流出的王羲之书法重现人间？排起长蛇队的观众，每人脸上都带着喜悦的期盼。不管怎么说，这件宝物毕竟是世上现存年代最早的王羲之书帖，无比珍贵。

王羲之书法传到日本之后，影响甚大。圣武天皇和光明皇后夫妇都致力于学习王羲之书法，正仓院留下了他们两人的翰墨，一件是圣武天皇的《杂集》，另一件则是光明皇后的《乐毅论》。

图145·圣武天皇手书《杂集》　　　　图146·光明皇后手书《乐毅论》

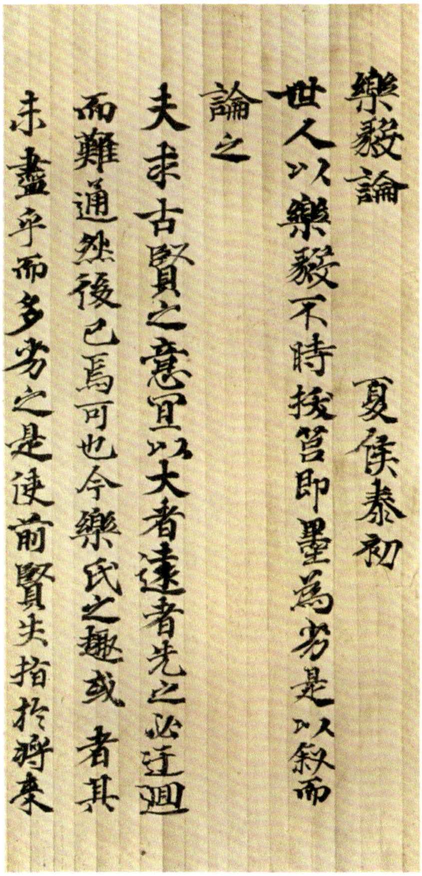

樂毅論　　夏侯泰初

論之
世人以樂毅不時拔莒即墨為劣是以敘而
夫求古賢之意宜以大者遠者先之必迂迴
而難通然後已焉可也今樂氏之趣或者其
未盡乎而多劣之是使前賢失指於將來

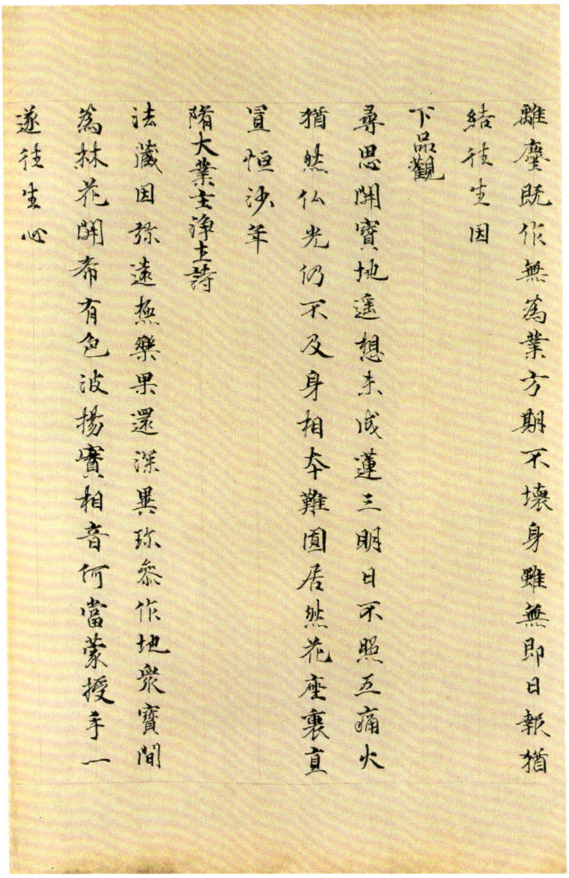

下品觀
結後生因
離塵既你無為業方期不壞身雖無即日報猶
尋思開寶地逢想未成蓮三明日不照五痛火
猶然仏光仍不及身相奉難圓居然花座裏宣
宣恒沙年
階大業主淨土詩
法藏因餘遠熱樂果還深異珎奏作地眾寶間
為林花開春有色波揚實相音何當蒙授手一
遂徃生心

《杂集》卷宽27.7厘米,全长2142厘米,摘录与佛教相关的中国古诗文,卷首已缺,卷尾题"天平三年九月八日写了",据此可知此卷完成于731年。圣武天皇热爱中国诗文书法,但是,2米多长的卷子,一笔一画极其认真地书写,是要花费许多时间的。圣武天皇为什么要如此虔诚地摘抄中国的诗文呢?曾任正仓院事务所所长的米田雄介教授认为,神龟四年(727)闰九月,圣武天皇和光明皇后生下皇子。皇子满月不久,就封为皇太子,在立储制度上属于特例,可见圣武天皇夫妇对盼望已久的皇子,寄托了多么大的希望。然而,不幸的事很快发生了,皇子长到一岁多就死去了,对圣武天皇打击之大,可想而知。悲痛的思子之情,促成圣武天皇虔诚地摘抄佛教诗文,为爱子祈求冥福,愿其早登彼岸净土。这份虔诚之心,在通卷文字上可以感受得到,而圣武天皇纤细清丽的字迹,显然深受唐朝书风的影响。初唐书法四大家无不取法王羲之,圣武天皇的字体,颇似虞世南,给后世留下一份书法杰作。而且,《杂集》摘录的古诗文,有些在中国古代诗歌文集里已经见不到了,不经意之间,又为我们今天保留了极其珍贵的史料,以订补传世文献之遗缺。

光明皇后亲笔书写的《乐毅论》,卷宽25.3厘米,全长84厘米。我们知道,《乐毅论》是王羲之传世书法作品的代表作之一。光明皇后的这件作品显然是临摹王羲之《乐毅论》,由此看来,传入日本的王羲之书法,不只是前面介绍的77字真迹,应该还包括《乐毅论》等。我们在正仓院的《国家珍宝帐》内,找到了"晋右将军王羲之草书二十卷"的记录,获得了佐证。光明皇后虽然是女子,但其字迹雄浑有力,和她刚毅的个性颇为合拍。有趣的是,在奈良时代日本全面吸收唐文化的日子里,一切以唐朝为高尚,模仿得惟妙惟肖,连日本人的姓氏,也尽量模仿唐人,改双姓为单姓,光明皇后娘家姓"藤原",而她在卷末落款时,签署的是"藤三娘"。

日本人诚心诚意学习唐朝文化，故天平年间，日本的书法已经达到很高的水平，前面介绍的《大小王真迹帐》和《天平宝字二年十月一日献物帐》，字迹相同，清秀飘逸，堪称七体字的佳作。而《国家珍宝帐》和《天平胜宝八岁七月二十六日献物帐》严谨有力，属于欧阳询风格，唐代名家书法风格，几乎都能在大约相同时代的日本找到。

唐朝文化在日本传播之迅速，在正仓院文书里可以得到印证。正仓院中仓保存的初唐诗人王勃的《诗序》，虽有破损，但经过正仓院事务所专家的修补，可以见到全貌。《诗序》收录序文41篇，书写于白、黄、赤、绿、褐色彩纸上，共计30章。和现在通行的王勃文集对照，有20篇诗序是现行本所未收的，弥足珍贵。还有一点值得注意的是，《诗序》里使用了不少武则天创制的文字。武则天在690年别出心裁创制了一批文字，705年，她下台后，这些文字就被取消了。这些昙花一现的文字，竟出现在日本人的写卷里，联系到王勃是一位英年早逝的初唐诗人，他的文集在唐朝流行不久就传入日本，我们不能不对唐朝文化在东亚的迅速传播发出惊叹。

正仓院保存着大批中日两国的古代写经，有隋代抄写的《贤劫经》，卷末落款"大业六年"，正是隋朝盛极而衰的年代；有扶风郡雍县三泉乡乡民张法僧书写的经卷，字体秀丽，十分工整，属于写经的上品。这些写经大概是由日本的遣唐使带回的。

抄写佛经是项功德事业，光明皇后曾经命令写经所抄写一切经卷，以此功德回向给逝世的父母，愿他们冥界超生。为此抄写的众多经卷，落款均署"皇后藤原氏光明子"，"天平十二年五月一日记"，这就是日本有名的光明皇后"五月一日经"。"五月一日经"有一部分散

第八章 龙飞凤舞的历史画卷

图147 · 王勃《诗序》

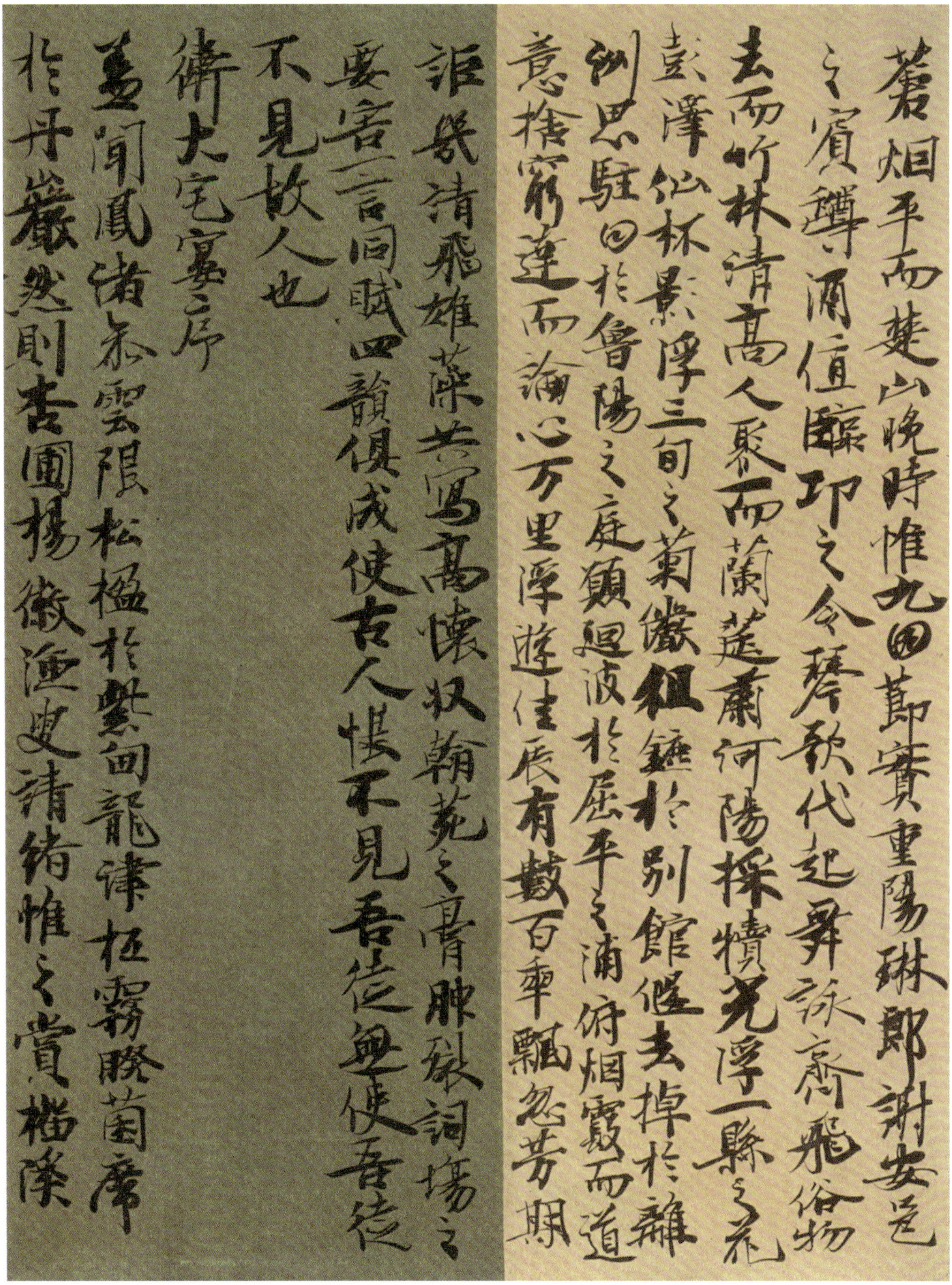

蒼烟平而楚山晚時惟九囙節實重陽琳郎謝安邑
之賓轉酒值臨邛之令琴歌代起昇詠齋飛俗物
去而竹林清高人聚而蘭蕐蕭啊陽採憤咒浮一縣之花
彭澤仙林景浮三旬之菊徹鍾於別館俄去棹於離
劍思駐回於魯陽之庭須廻波於屈平之浦俯烟霞而道
意搖窬前蓮而論心万里浮游佳辰有戴百牽飄忽芳期
詎盛清飛雄藻共寫高懷奴朝菀之胃脾嶽詞塲之
要害言回賦四韻俱成使古人悵不見吾徒與使吾徒
不見故人也
衛大宅宴序
盖聞鳳渚赤雲限松櫃於默回龍律枉霧晴菌靡
於丹巖然則吉圆楊徽漁叟清緒惟之賞檻隂

入民间，晚清驻日本使团曾经购得若干件，现收藏于中国上海等地的图书馆，得到很好的保护。

日本古代写经整齐秀丽，抄写经书的写经生书法水平颇高。当然，这同写经所的制度大有关系。正仓院保存的一份文书，清楚规定写经生的工资为计件所得，每抄写四千字，计酬三十五文钱。但是，如果抄漏一行，就要罚钱二十文，漏一字则扣一文，错五字也要扣一文，赏罚分明。

唐朝文化的盛大局面，需要开放和开明的文化政策，以及强有力的经济保障。受唐朝的影响，东亚国家都实行开明的文化制度，同时，各国纷纷移植唐朝的政治和经济制度，其中，构成唐朝前期土地与税收根本性制度的均田、租庸调制，在日本改头换面为班田制，推广实行。这种国有土地制度的具体实施形态，在正仓院文书里得到最真实的反映。例如《大宝二年御野国本簀郡栗栖太里户籍》《天平四年山背国爱宕郡计帐》等文书，让历史学家能够细致到以乡里为单位，把握一千多年前乡村实行班田制的情况。在中国敦煌吐鲁番文书发现之前，历史学家只能大致了解中国古代乡村形态，即使有了敦煌文书，由于其完整性的欠缺，我们还是难以完整地复原一个乡一个里的均田制形态。日本古代史研究因为有丰富的古代中央到地方文书的留存而能够进行精确的研究，足令外国史学家羡慕。

不但是乡里文书完整保存下来，而且，我们还见到了古代乡里土地形态的地图，如《摄津国嶋上郡水无濑绘图》，是一张东大寺庄园图，南、北、西三面临山，东面至河流为耕地，用纵横线条表示条里，记载谷田、桑田等地目及其面积，全图用彩笔绘制，山岳用墨绿色，河流用浅绿色，旱地用黄色，并用文字描述景观。《东大寺山界四至图》纵297厘米，横221厘米，用三幅麻布缀合而成，细致绘出东大寺领地四至、方位和地势，标明大佛殿、千手堂、羂索堂、戒坛院、东塔和西塔，甚至连沟渠树木都标示出来。此图同样使用不同颜色区分景物，例如用绿色表示河水，红色表示伽蓝外廊和道路，墨绿色表示山岳，等等。这是东亚现存最古老的地图实物，弥足珍贵。

日本有文字的历史形成较晚，直到18世纪初才编写出正史著作，因此，其古代史相当程度要依靠中国古代对日本的记载来研究。但是，由于日本对文化的珍惜，使得古代的文书很好地保存下来，日本史学家可以根据古代第一手材料开展坚实而可靠的研究，尤其是在古代文书研究领域，保持着先进水平。

说到用平面材料记录下古时候的风光景色，我们不能不提到正仓院中仓珍藏的《麻布山水图》，该图宽58厘米，长176厘米，以淡墨描绘三座岛屿，上有树木摇曳，流水环绕，小桥草庵，农夫钓者，好一派闲适的乡村风光。

这些画未必都是当时一流画家的名作，但有时候，不经意留下的平常人画作，同样令人印象深刻。那时候，雕版印刷远未普及，日常的经书靠人手抄写。不难想象，日复一日的机械式抄写相当乏味，因此不免要找些自娱自乐的事情做做。于是，写经生拾起作废的经卷，无所拘束地挥笔作画，抒写个性，把平时的压抑一扫而光，从而留下了《人物戏图》这幅作品。此图人物画得如此夸张，张大嘴巴，圆睁双目，捋起袖子，抬臂作势，似乎就要发作。可是，看看人物上方的题注："大大论"，原来他并不是孔武欲斗的莽夫，而是将佛经宣讲到激动之处，不由得比手画脚。和日常沉闷的写经相比，渴望宣泄的心情跃然纸上，人物刻画得栩栩如生，线条老到，堪称佳作。看来这些写经生的艺术修养未可小觑。今天我们所见到的唐代以前的纸质绘画，几乎都

第八章 龙飞凤舞的历史画卷

图148·《摄津国嶋上郡水无濑绘图》　　图149·《东大寺山界四至图》

是后人临摹品，像这件相当于唐代的古代绘画真品，实不多见。

正仓院的纸质书画，真实而细致地记录下了东亚文明辉煌的一页，让人们犹如身临其境般领略到古代的风韵。以唐朝为中心的东方文化曾经引领世界潮流数千年，往日的成就，就在正仓院这座世界独一无二的千年仓库里得到完好的保存，令人赞叹，令人向往，令人深思。

图150·《麻布山水图》

第八章 龙飞凤舞的历史画卷

图151 · 《人物戏图》

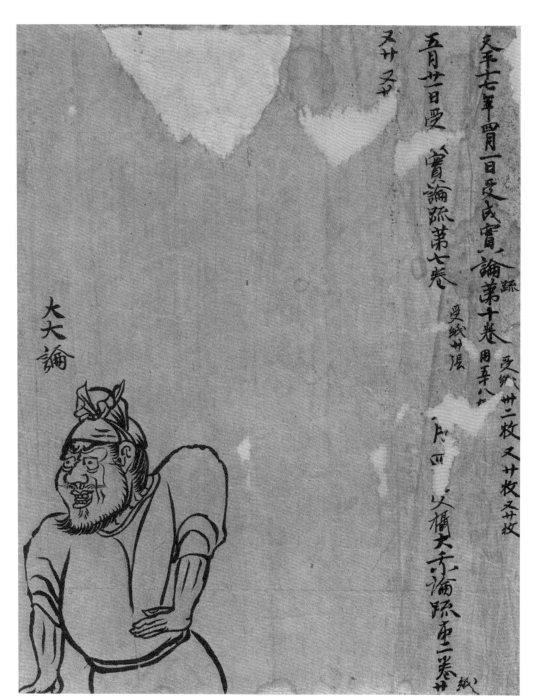

图151

结语 一船明月一帆风

扶桑已在渺茫中，家在扶桑东更东。
此去与师谁共到，一船明月一帆风。

走出正仓院，可心还留在那里，思绪更飞向千年之遥的唐朝。

建立于618年的唐朝，实行开放和开明的文化政策，海纳百川，广泛吸收世界各国文明的精华，融合佛教和道教，使得以儒学为主体的传统文化重新焕发光彩，出现了百花争艳的盛大局面。兼收并包的文化特点，吸引世界各地的文人逸才纷纷涌入唐朝，规划齐整、宏伟壮丽的首都长安成为世界文明的大熔炉。唐朝以其文化优势，对海东各国产生了强大影响。

日本对于唐朝文化有一个认识的过程。倭国在南朝就中止了同中国的国交，直到隋朝重新统一中国之后，才由其国圣德太子主导向隋朝派遣使者。但是，一个多世纪没有交往，两国都发生了很大的变化。倭国中央朝廷的权威得到加强，已经不想再回到向中国称臣的过去，因而在重新与隋朝恢复国交的时候，发生了外交礼仪的冲突。这次冲突虽然由于倭国最终退让而暂时平息,但其背后的国家利益冲突并没有解决。到唐朝在东亚重建以唐为中心的国家关系秩序时,日本为了同唐朝争夺在朝鲜半岛南部的利益而军事介入朝鲜半岛的战争,和唐军在白江口决战,结果大败而归。

通过这次战役,日本切实认识到唐朝的强大,尤其是国家制度、法律体系和文化艺术的高度发达,看到两国之间的巨大差距,举国上下决心全面吸收和移植唐朝的制度文化。白江口之战后的遣唐使就是在这种背景下频频来到唐朝中国的。

遣唐使团人数众多,一次数百人,人员多为国内挑选出来的精英,既有政府官员,也有留学生,更多的是留学僧。他们来到中国之后,潜心研学,热心收集各种情报和文化产品,日本政府也全力予以经济支持,让他们能够大量访购图籍文物,一批一批地运回日本。而且,日本还通过朝鲜半岛乃至西伯利亚草原大量收集西方国家的文化产品。当然,中国到日本的使者和各类人员也把来自五湖四海的奇珍异宝带到日本,使得日本获得各国的文化精华,社会长足进步。

日本人勤劳整洁，爱惜东西。所以，从大陆传入日本的物品都被很好地收藏起来。在千年岁月迁转中，虽然日本也发生了很多变乱，贵族衰落，武士崛起，农民反抗，幕府更替，战争并不少见，却没有人故意去践踏文化，不曾犯下诸如焚书坑儒之类毁灭文化的滔天罪行。所以，图籍文物大多完好保存下来，流传至今，让我们可以通过这些文物直观地了解古代文明，复原过去的生活形态。不只是日本，中国古代精神文化世界的许多方面，也许也要通过日本保存的古代文物得到复原或者证明。因此，正仓院虽然属于日本，但它同时也是世界古文明，尤其是唐代文明的宝库。

在日本收藏古代文物的机构中，正仓院是收藏品最独特、数量最多、种类最全、等级最高的，而在其收藏品中最珍贵的当属光明皇后捐出的圣武天皇生前使用的全套物品。根据这些物品，我们可以完整地复原皇室生活的各个方面。20世纪后期，中国在陕西省扶风县法门寺塔下发现了掩埋千年的地宫，出土了一大批珍贵文物，轰动世界。经过鉴别，可以判定它们属于唐朝皇室的祭祀物品。这些器物和日本正仓院文物相比较，进一步证实正仓院收藏的来自唐朝的文物，属于最高等级。显然，

正仓院 · 结语 一船明月一帆风

日本皇室使用的器物，不是入唐人员在市肆上购买的，这些器物不少是唐朝中央的赐赠物品。诸如螺钿五弦琵琶、螺钿围棋盘等，这些我们只能在唐代的壁画里见到的器物，在正仓院里却有实物保存，在世界上绝无仅有。我们完全可以根据这些器物来复原唐代的情况，进而了解当年东西文化交流的盛况。仅此一斑，就可知道正仓院文物的价值是无可比拟的。

正因为如此，正仓院一直受到世界古代文明研究者的高度重视，人们亟盼正仓院能够开放，让学者进行研究。然而，因为它属于日本皇室的宫内厅，而天皇制度今日尚存，故开放正仓院的愿望难以实现，学者也只能在每年秋季的正仓院展览中目睹很少的一部分实物，平时只能通过图片画册进行研究，这不能不说是一大缺憾。

正仓院坐落于古都奈良著名的东大寺旁边，背后是若草山，周围是青翠的茂林，小径通幽，里面到底收藏了多少古代宝物，说法不一。游人们只能在院子大门处，隔着前庭看上一眼，这给正仓院披上了神秘的外衣。大家都想探访它的秘密。所以，每到秋季二十天左右的正仓院展览，从日本各地蜂拥而至的观众，乃至从世界各国赶来的学者，排成长队挪动到玻璃橱窗前，仔细察看，啧啧称奇，指指点点，低声讨论，都想看出个所以然来。

观众都明白，正仓院展现了古代东方文明的辉煌，但这些文物的来历及其源流并不全都清楚，每一件文物背后，可能都有一段故事，如果还能进一步说清楚其渊源流变，那么我们就能把唐朝所代表的那个时代更加全面、更加多姿多彩地再现出来，就能更加深入地把握文化流动的脉络，那是多么地激动人心啊。

日本的学者为此已经有几代人的研究积累了，现在仍有一大批人孜孜不倦地在世界各地找寻正仓院文物的故乡。我有幸进入正仓院，抚摸着一根根干栏式建筑的础柱，感到研究正仓院是中国学者应该积极进行的工作，因为这里面大部分器物就是来自中国唐朝，特别是近几十年来中国考古发掘有了许多新发现，大量珍贵文物破土而出，一次又一次让正仓院文物找到高度相似的类证，从而大大推进了正仓院研究的深入。在研究方面，中国学者握有发现新文物的优势，因此，我们是可以大有作为的。目前，我们所缺乏的是关于正仓院的情报资料，而这方面的工作是可以通过努力赶上的。要从一般性的介绍开始，让中国的广大读者看到域外遗珍的亮丽，热爱它，研究它，不要把眼光局限于国内，要拓展到全世界。这样，我们就能领略到更多古代文明的精彩，我们的研究就能在历史的熏陶下，变得更加成熟与厚实，进而取得意想不到的成果。这本小册子，愿能成为游人的向导、研究者的铺路石。

一千多年前，往返于中日海面的船只，在波涛中，载着一船明月，鼓足一帆清风，承载文化，驶向光明，留给我们的不仅是光彩夺目的珍宝，更是一股文化使命感，激励着我们薪火相传，继往开来。

有那么多的古代文化珍宝流传海外，它们对于研究中国古代，以及研究世界性的文化交流具有如此重要的价值和意义，因此，把世界各地珍藏的中国古代文物，乃至收藏这些文化珍宝的机构介绍给国人，是一件很有意义的工作。

参考文献

傅芸子《正仓院考古记　白川集》，沈阳，辽宁教育出版社，2000年。
韩昇《日本古代的大陆移民研究》，台北，文津出版社，1995年。
正仓院事务所编《增补改订　正仓院宝物》三册，东京，朝日新闻社，1987年。
[日] 米田雄介《正仓院宝物的故乡》，东京，大藏省印刷局，1999年。
《正仓院展》，奈良，奈良国立博物馆，1984年至2005年出版的历年展册。
"周刊朝日百科"《皇室的名宝》，东京，朝日新闻社，1999年。
[日] 大桥一章、谷口雅一《被掩埋的圣德太子的世界》，东京，NHK出版，2002年。
[日] 堀敏一著，韩昇编，韩昇、刘建英译《隋唐帝国与东亚》，昆明，云南人民出版社，2002年。
[日] 砺波护著，韩昇编，韩昇、刘建英译《隋唐佛教文化》，上海，上海古籍出版社，2004年。

本书所用图片目录

北 仓

《东大寺献物帐》	北仓147
《国家珍宝帐·卷首》	北仓148
《种种药帐》	北仓150
《屏风花毡等帐》	北仓151
《大小王真迹帐》	北仓152
《藤原公真迹屏风帐》	北仓153
螺钿紫檀五弦琵琶	北仓1
螺钿紫檀阮咸	北仓5
螺钿紫檀阮咸	北仓6
螺钿紫檀琵琶	北仓7
金银平文琴	北仓11
吴竹竽	北仓19
雕石根笛与刻雕尺八	北仓20
雕石尺八	北仓22
九条刺纳树皮色袈裟	北仓24
七条织成树皮袈裟	北仓25
赤漆文榉木橱子	北仓34
《杂集》	北仓35
《乐毅论》	北仓38
绿牙拨镂和红牙拨镂	北仓50
百索缕轴	北仓52
木画紫檀棋局	北仓55
棋子	北仓62
银平脱合子	北仓63
木画紫檀双陆棋局	北仓64
杂玉双陆子	北仓67
金银钿庄唐大刀	北仓68
吴竹鞘御杖刀	北仓73
漆背金银平脱八角镜	北仓77
盘龙背八角镜	北仓81
漆胡瓶	北仓83

鸟毛篆书屏风	北仓87
鸟毛立女屏风（六幅）	北仓88
骐鹿草木夹缬屏风	北仓103
象木臈缬屏风	北仓107
羊木臈缬屏风	北仓108
紫地凤形锦轼	北仓112
紫地凤形锦	北仓113
紫檀木画挟轼	北仓116
雄黄	北仓120
治葛壶	北仓125
花毡	北仓127
花毡	北仓129
银熏炉	北仓142
人胜残件	北仓143

- 中 仓

白琉璃碗	中仓1
白琉璃瓶	中仓2
绀色琉璃杯	中仓3
绿琉璃十二曲长杯	中仓6
王勃《诗序》	中仓13
笔	中仓17
绘纸	中仓19
青斑石砚	中仓24
《最胜王经》帙	中仓32
琉璃鱼	中仓46
密陀彩绘忍冬凤纹小柜	中仓71
白石火盆	中仓99
投壶	中仓101
投壶矢	中仓102
《东大寺山界四至图》	中仓151
《麻布山水图》	中仓153

《摄津国嶋上郡水无濑绘图》	中仓155
《人物戏图》	中仓158
多足几	中仓159
*墨（唐）	中仓

南 仓

黄金琉璃钿背十二棱镜	南仓1
山水八卦背八角镜	南仓3
鸟兽葡萄背方镜	南仓9
十二支八卦背圆镜	南仓12
缥缕	南仓24
吴女面	南仓26
醉胡王面	南仓27
吴公面	南仓28
昆仑面	南仓33
绿绫袍	南仓40
夹缬罗半臂	南仓41
磁瓶	南仓42
三彩磁钵	南仓60
银壶	南仓62
金银花盘	南仓66
佐波理水瓶	南仓72
三彩磁塔	南仓73
漆金薄绘盘	南仓75
佐波理加盘	南仓96
赤铜柄香炉	南仓107
黄铜柄香炉	南仓108
紫檀金钿柄香炉	南仓109
子日目利帚	南仓120
子日手辛锄	南仓121
枫苏芳染螺钿槽琵琶	南仓129
紫檀木画槽琵琶	南仓131

缥地大唐华纹锦琵琶袋	南仓133
桑木阮咸捍拨	南仓137
白橡绫几褥	南仓138
绀地夹缬绝几褥	南仓139
紫地锦几褥	南仓140
赤紫地臈缬绝几褥	南仓141
墨绘麻布菩萨	南仓143
赤地锦幡垂端饰	南仓152
紫檀金银绘书几	南仓163
木雕莲池	南仓165
花树孔雀文刺绣	南仓166
*珊瑚	南仓
*紫地花纹和狮啮纹长斑锦袜	南仓
赤漆桧木胡床	TV
御床	TV

说 明

本书使用的正仓院文物图片，有编号者均取自宫内厅藏版、正仓院事务所编《增补改订 正仓院宝物》（朝日新闻社刊，1987年发行）；无编号有星号者取自奈良国立博物馆编《正仓院展》；另有两幅取自正仓院的电视片。特此鸣谢！

Copyright © 2020 by SDX Joint Publishing Company.
All Rights Reserved.
本作品版权由生活·读书·新知三联书店所有。
未经许可，不得翻印。

图书在版编目（CIP）数据

正仓院 / 韩昇著. —北京：生活·读书·新知三联书店，2020.1（2024.5重印）
ISBN 978 – 7 – 108 – 06710 – 4

Ⅰ.①正⋯ Ⅱ.①韩⋯ Ⅲ.①历史文物–介绍–中国 Ⅳ.①K87

中国版本图书馆 CIP 数据核字（2019）第 214650 号

责任编辑　张　龙
装帧设计　周伟伟
责任印制　卢　岳
出版发行　生活·讀書·新知 三联书店
　　　　　（北京市东城区美术馆东街 22 号 100010）
网　　址　www.sdxjpc.com
经　　销　新华书店
印　　刷　天津裕同印刷有限公司
版　　次　2020 年 1 月北京第 1 版
　　　　　2024 年 5 月北京第 3 次印刷
开　　本　787 毫米 × 1092 毫米 1/16 印张 14
字　　数　100 千字　插图 151 幅
印　　数　13,001－16,000 册
定　　价　98.00 元

（印装查询：01064002715；邮购查询：01084010542）

SHOSOIN